초등수학, 개념을 그리자 1

초등수학, 개념을 그리자 １

신동영 글 | 김한조 그림

보리

> 글쓴이 말

문제 풀이에 지친 학생들에게

　우리나라 초등학생들의 수학 성취도를 다른 나라 학생들과 견주어 보면, 점수는 상위권이지만 자신감과 흥미는 아주 낮다고 합니다. 왜 그럴까요? 학교에서 만나는 아이들을 봐도 크게 다르지 않습니다. 많은 학생들이 3학년 2학기에 분수를 배우면서 수학과 멀어지기 시작합니다. 조금 어려운 내용이 나오면서 피하게 되는 것입니다.

　학자들이 많은 시간을 들여 연구한 결과를 우리는 간단한 식으로 배웁니다. 식이 나오게 된 배경이나 원리를 이해하지 못한 채, 짧은 시간 안에 그 결과만 배우니 어린이들이 이해하기가 어려운 것입니다. 수학은 답을 빨리 찾는 것이 중요하지 않습니다. 오래 생각하고 고민한 끝에 답을 찾아냈을 때, 큰 기쁨을 누릴 수 있는 학문입니다. 여러 가지 방법으로 탐구하고, 실패를 발판으로 삼아 앞으로 나아가는 학문입니다.

　이 책에서는 어린이들이 배우는 수학 지식이 어디서 비롯된 것인지 그 원리를 알아보려고 합니다. 그림이나 사물을 바탕으로 지식을 배우는 시기인 만큼 개념마다 그림으로 이해를 도울 것입니다.

　수학은 어떤 문제에 대해 의심을 품고 논리를 바탕으로 풀어 가는 것이 그 본질입니다. 왜 그런지 물음을 떠올리고 물음에 대한 답을 찾아가는 데 이 책이 도움이 되길 바랍니다. 다 읽고 나서는 수학에 대한 자신감을 찾을 수 있을 것입니다. 문제 풀이에 지친 어린이들에게 이 책이 한 줄기 시원한 바람이 되길 기대해 봅니다.

신동영

차례

글쓴이 말 문제 풀이에 지친 학생들에게 • 4
들어가는 글 수학과 그림 • 10

1장 수

1. 수학은 왜 배울까? • 14
2. 수학의 시작 • 18
3. 자연수 • 22
4. 옛사람의 수 세기 • 26
5. 숫자의 탄생 • 31
6. 고대의 숫자들 • 34
7. 아라비아숫자 • 38
8. 10진법 • 42
9. 묶어 세기 • 45
10. 수를 적는 여러 가지 방법 • 50
11. 0의 탄생 • 54
12. 자리와 수 값 • 58
13. 세상에서 가장 큰 수 • 61
14. 큰 수 읽기 • 64
|더 알아보기| 수와 숫자 • 66
|더 알아보기| 여러 가지 기수법으로 수 세기 • 68

2장 덧셈과 뺄셈

1. 수 세기 • 74

2. 물건 이용하기 •76

3. 수 짝 알기 •78

4. 받아 올림과 받아 내림 •84

5. 자리 맞추기 •90

6. 덧셈과 뺄셈의 관계 •93

7. 가우스의 문제 풀이 •95

8. 덧셈의 계산 원리 •99

9. 덧셈의 교환법칙 •101

10. 덧셈의 결합법칙 •103

3장 곱셈

1. 곱셈의 탄생 •108

2. 곱셈과 구구단 •110

3. 곱셈의 교환법칙 •112

4. 곱셈의 결합법칙 •114

5. 곱셈의 분배법칙 •117

6. 눈으로 보는 세로셈 •119

7. 간편한 세로셈 •124

8. 곱셈의 계산 차례 •126

9. 기하급수 •130

10. 곱셈과 0 •134

4장 나눗셈

1. 나눗셈의 탄생 •140
2. 묶음과 낱개 •143
3. 큰 묶음과 작은 묶음 •148
4. 나눗셈의 계산 차례 •152
5. 나눗셈 펼치기 •157
6. 세로셈으로 나누기 •161
7. 나눗셈 접기 •163
8. 큰 수 나눗셈 •165
9. 나눗셈 잘하는 법 •170
10. 곱셈과 나눗셈 •172
11. 나눗셈과 0 •174
12. 수학 기호 •178

|더 알아보기| 사칙연산 기호의 탄생 •180

5장 분수

1. 분수의 탄생 •186
2. 분수의 크기 •190
3. 등분할 •193
4. 단위분수 •195
5. 분수는 조각 •199

6. 여러 가지 분수 • 203

7. 대분수를 가분수로 • 206

8. 가분수를 대분수로 • 208

|더 알아보기| 고대 문명 국가와 분수 • 210

6장 분수 크기 비교

1. 분모가 같은 분수 • 214

2. 분모가 다른 분수 • 216

3. 동치분수 • 218

4. 최소공배수 • 221

5. 약분 • 224

|더 알아보기| 최소공배수 구하는 법 • 226

7장 소수

1. 소수의 탄생 • 230

2. 소수의 중요성 • 234

3. 소수의 크기 • 238

4. 그림으로 보는 소수 크기 • 241

5. 소수와 분수 • 244

|더 알아보기| 모든 분수를 소수로 바꿀 수 있을까? • 247

> 들어가는 글

수학과 그림

　수는 현실 세계에 있는 것들을 추상화한 것입니다. 그래서 수학을 물건이나 그림으로 표현할 수 있지요. 많은 어린이가 수학의 추상성에 어려움을 느낍니다. 수는 간편화된 기호일 뿐 눈에 보이지 않거든요. 이럴 때 수학을 그림으로 표현하면 좋은 점이 여러 가지 있습니다.

　백 번 말로 듣는 것보다 한 번 눈으로 보는 것이 훨씬 좋다는 말이 있지요. 이처럼 눈으로 보는 것은 우리가 바깥 세계를 알아차리는 바탕입니다. 수학을 공부할 때도 그림으로 익히면 구체 상황이 보이기 때문에 이해하기가 더 쉽습니다. 그림이 문제 해결 방법을 눈으로 찾아낼 수 있도록 도와주기도 하지요. 또한 그림을 보고 이해한 것은 사진 찍히듯 머릿속에 저장되어 오랫동안 기억에 남습니다.

　앞으로 수학 문제를 보면 다음과 같이 그림을 떠올려 보기 바랍니다.

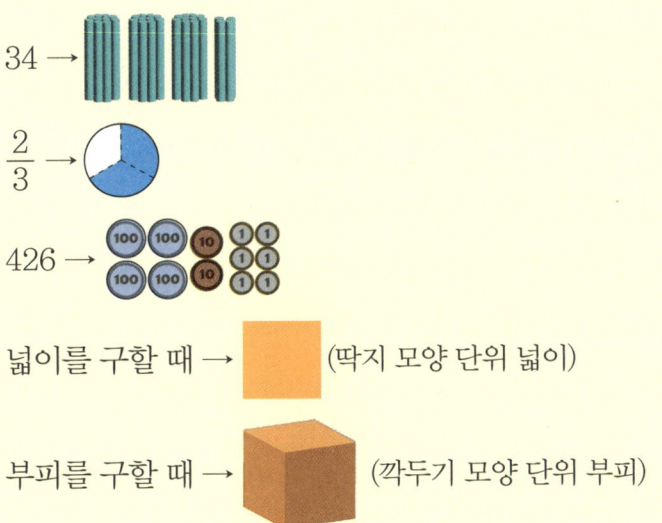

이처럼 수학을 그림으로 나타내면, 딱딱하게만 여겨졌던 수학 문제가 머릿속에 현실 속 물건들로 떠오릅니다. 그러면서 문제 해결 방법까지 보다 쉽게 알아낼 수 있을 것입니다.

1장
수

> 수를 쓰지 않고 단 하루라도 살 수 있을까요?
> 우리가 사는 세상은 수로 가득 채워져 있어요.
> 여러분은 오늘 언제 어디서 어떤 수를 썼나요?

1 수학은 왜 배울까?

수학 1-1 수학으로 세상 보기

수학 공부를 하기 전에 먼저 한 가족의 하루를 들여다보겠습니다.

치원이는 오늘 아침 7시에 일어나 학교 갈 준비를 합니다. 8시 40분까지 등교하려면 부지런히 준비해야 하지요. 세수하고 아침을 먹은 뒤 미술 준비물 살 돈 2천 원을 받아 집을 나섭니다. 미술 준비물로 원기둥 모양 깡통과 정사각형 모양 색종이를 사야 합니다. 오늘 학교에서 5교시 수업 뒤에 시험 점수가 발표되었습니다. 90점이 넘으면 10만 원이 넘는 자전거를 선물 받기로 아빠와 약속했습니다. 학교 수업이 끝나면 67번 버스를 타고 학원에 갑니다. 학원에는 오후 3시 30분까지 도착해야 합니다.

어머니는 아침을 하려고 7시에 일어납니다. 쌀 세 컵을 씻

어 밥을 안치고 어제 시장에서 산 소고기 반 근을 프라이팬에 굽습니다. 아침을 먹고 나서 8시 20분에 승용차를 타고 회사에 갑니다. 저녁에는 월 2만 원을 내고 요가 교실에 다닙니다. 요가 교실에 가기 위해서는 저녁 6시까지 일을 마치고 회사에서 나와야 합니다. 회사에서 요가 교실까지 가는 데 30분이 걸립니다.

아빠는 8시에 집에서 나와 지하철과 버스를 타고 출근합니다. 따져 보니 시간도 아끼고 기름값도 안 들기 때문입니다.

오전 9시면 회사에 도착합니다. 저녁 7시인 뉴욕 지사에 전화를 겁니다. 한국에서 미국으로 화물 보내는 비용을 알아보니 300달러나 나왔습니다. 조금 비싸도 선택할 수밖에 없습니다. 아빠는 내년에 월급이 오르면 2,500만 원짜리 새 차를 마련할 예정입니다. 자동차 보험을 알아보니 일 년에 60만 원 하는 회사가 가장 쌌습니다. 이번 주말에는 가족 캠핑을 가기로 했는데, 비 올 확률이 75퍼센트여서 다음 주로 미루었습니다.

평소에 수가 얼마나 자주 쓰이는지 알아보려고 우리 일상 생활을 잠시 들여다보았습니다. 우리는 알게 모르게 날마다 많은 수를 쓰며 생활합니다.

이 밖에도 은행에서 이자율을 정할 때나 보험회사에서 보상액을 계산할 때, 고층 건물을 설계하고 안전성을 점검하는 데 수학이 쓰입니다. 또 나라에서 한 해 예산과 정책을 세우며 통계를 냅니다. 내비게이션이나 비행기, 우주선에 들어가는 장치들도 수학을 이용해 만듭니다. 생물학이나 의학 연구에도 수학이 뒷받침되어야 합니다. 이렇게 무수히 많은 곳에 수와 수학을 씁니다. 한마디로 수를 쓰지 않고는 단 하루도 살 수 없는 것입니다. 수학은 생활의 필수입니다.

2) 수학의 시작

수학 2-1 수학으로 세상 보기

　수학은 생활에서 벌어지는 여러 가지 문제를 수를 사용해서 해결해 나가는 학문입니다. 그렇다면 수학은 언제 어떻게 시작되었을까요?

　선사시대에 살던 원시인들은 적은 수로 무리를 지어 돌아다니며 살았습니다. 함께 열매를 따거나 사냥을 나가기도 했지요. 사냥감이나 열매를 공평하게 나누려면 수를 헤아리는 것뿐 아니라 간단한 더하기와 빼기, 나누기를 해야 했습니다. 이때 수학이 나타난 것이지요. 원시인들은 1, 2, 3처럼 간단한 수를 구별할 줄 알았고 수가 많고 적은 것도 구분할 줄 알았습니다.

　그 뒤 인류는 차츰 큰 무리를 지어 한곳에 머물러 살았습니다. 농사를 짓게 되면서 생산량이 늘어나자 인구도 함께 늘

어났습니다. 농사지을 땅도 차츰 넓혀 갔지요. 늘어난 생산물을 나누고 농토를 관리하며 홍수, 가뭄 따위를 막을 수리 시설을 갖추려면 한 단계 나아간 수학이 필요했습니다.

  고대 수학에 대한 이야기를 하려면 이집트 문명까지 거슬러 올라가야 합니다. '이집트 문명은 나일강의 선물'이라는 이야기를 들어 본 적 있나요? 이집트는 더운 사막 지대에 있어서 생활하기 불편했지만, 다행히 '나일강'이 있었어요. 나일강 상류에 큰비가 내리면 강물을 타고 기름진 흙이 강 하류까지 내려왔어요. 그래서 하류에 기름진 농토가 만들어졌어요. 하지만 한 가지 문제가 있었습니다. 상류에 너무 많은 비가 내리면 홍수가 나서 강 하류를 휩쓸어 버리곤 했지요. 이제 홍수가 휩쓸고 간 땅을 다시 측량할 필요가 생긴 것입니다.

덕분에 이집트에서는 일찍부터 측량술이 발달해 기하학으로 발전했습니다. 삼각형이나 사각형 모양의 땅 넓이는 간단히 측량했지요. 또한 홍수 시기를 예측하기 위해 천문학이 생겼으며, 강둑을 쌓고 운하를 만들면서 토목 기술이 발달했습니다.

기원전 1650년경 지어진 것으로 알려진 《아메스파피루스》

《아메스파피루스》의 일부 ©wikipedia

라는 고대 수학 책에는 분수 계산, 평면도형의 넓이를 구하는 문제, 간단한 방정식 문제 등이 나옵니다. 고대 이집트에서 수학이 실생활에서 일어나는 문제를 해결하는 데 쓰였다는 것을 알 수 있습니다.

　이집트와 메소포타미아 지역에서부터 생겨난 수학은 그 뒤 그리스로 전해져 더욱더 체계를 갖추게 되었습니다. 오늘날 우리가 배우는 수학의 바탕이 이때 만들어진 것입니다. 이집트 말고 다른 문명권에서도 차츰 수학은 문명이 발전하는 데 밑거름이 되었습니다.

③ 자연수

수학 1-1 1. 9까지의 수

은서가 공원에 놀러 갔습니다. 은서가 공원에서 본 것들의 수가 얼마나 되는지 알아볼까요?

자전거 1대, 긴 의자 2개, 오리 3마리, 사람 4명, 사과 5개가 보이네요.

이처럼 우리 생활에 자연스럽게 존재하는 수를 자연수라고 합니다. 그러면 자연스럽지 않은 수도 있을까요? 다음 예를 보겠습니다.

아빠가 자전거 1.4대를 사 오셨다.

참새가 전깃줄에 3.7마리 앉아 있다.

목장에서 젖소 $4\frac{3}{5}$마리가 풀을 뜯고 있다.

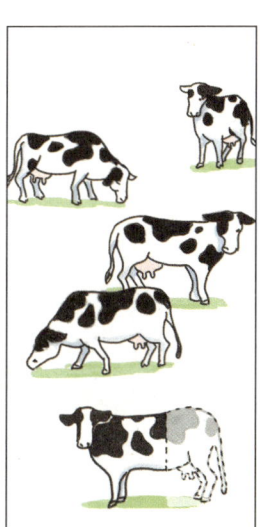

농장에 양이 $3\frac{2}{5}$마리 있다.

뭔가 이상하지 않나요? 자전거 1.4대나 젖소 $4\frac{3}{5}$마리는 현실에 존재하지 않거나, 실제 존재한다고 하더라도 자연스럽지 않습니다. 이렇게 1.4, 3.7 따위의 수들은 소수라 하고 $4\frac{3}{5}$, $3\frac{2}{5}$ 따위의 수들은 분수라고 합니다. 이런 수들은 자연수와는 다른 수입니다. 자연수는 소수, 분수와 달리 자연 상태에서 자연스럽게 존재하는 수이지요.

우리는 생활에서 자연수를 가장 많이 씁니다.

연필 1자루

사과 3개

나비 25마리

자동차 528대

자장면 3,500원

우리 학교 학생 수 1,285명

어때요? 이렇게 우리는 날마다 많은 자연수를 쓰며 살고 있답니다.

④ 옛사람의 수 세기

수학 1-1 1. 9까지의 수

수가 많고 적은지 알려면 수를 헤아려 보아야 합니다. 선사 시대 원시인들은 어떻게 수를 헤아렸을까요?

원시인들은 바닷가에 나가 물고기를 잡거나 조개를 줍고, 산과 들에 다니며 열매를 따서 먹고살았습니다. 원시인들도 처음에는 물건을 눈으로 보며 수를 헤아렸을 것입니다.

그러다가 차츰 손가락 같은 도구를 써서 수를 헤아리는 것이 훨씬 더 편리하다는 것을 알게 되었습니다.

선사시대에 사는 돌이가 마을 어른들과 함께 멧돼지 사냥에 나섰습니다. 마을 사람들은 저녁때까지 숲속을 헤맨 끝에 멧돼지를 세 마리나 잡았습니다. 돌이는 신이 나서 마을로 곧장 달려갔어요. 어머니가 마을 사람들과 함께 바구니를 만들고 있었습니다.

"이것 좀 보세요. 멧돼지를 이렇게나 많이 잡았어요!"

숨을 헐떡이며 자랑하는 돌이를 보고 어머니가 물었어요.

"얼마나 잡았는데?"

"하나, 둘, 셋. 세 마리요!"

돌이는 신이 나서 손가락 세 개를 꼽아 보이며 말했어요.

이스마엘은 양치기입니다. 저녁 무렵, 양 37마리를 우리에 몰아넣으려고 애쓰고 있습니다.

"무리에서 빠진 양이 있는지 잘 헤아려 보아라."

아버지가 한 말이 떠올라 양을 세어 보기로 했습니다. 어제저녁에는 손가락셈으로 세었는데 열이 넘어가니 수가 헷갈렸습니다. 그래서 오늘은 셈하는 방법을 바꾸어 보았습니다. 양 한 마리가 우리에 들어갈 때마다 조그만 돌멩이를 하나씩 바구니에 담았어요. 손가락을 꼽아 세는 것보다 한결 쉬웠습니다.

'바구니에 돌이 모두 37개 있으니까 한 마리도 빠지지 않고 우리에 들어갔군!'

조선 시대, 낙동강 상류에 상강 나루라는 조그만 나루터가 있었습니다. 어느 날 저녁, 하루 일을 끝낸 덕보가 친구와 함께 컬컬한 목을 축이려고 주막에 들렀습니다.

"주모, 탁배기 한 잔 주구려."

"지난번 술값은 갚지도 않고 또 탁배기 타령이야?"

"내가 외상값 안 갚은 적 있소? 술이나 빨리 가져와요."

"이번 것까지 모두 여섯 되야. 잊지나 마시게."

주모는 술상을 내려놓고 부뚜막 벽 위에 금을 한 개 그었습니다. 이제 덕보 이름 밑에 있는 빗금은 여섯 개가 되었습니다.

돌이가 어머니한테 멧돼지 세 마리를 잡았다고 말하려고 멧돼지를 모두 들쳐 메고 와서 보여 줄 필요는 없습니다. 손가락 세 개만 꼽아 보이면 되니까요. 이스마엘은 우리로 들어간 양을 세느라 손가락을 꼽으며 헷갈려 하지 않아도 됩니다. 양 한 마리를 우리로 들여보낼 때마다 작은 돌 하나씩 헤아려 모으면 양이 몇 마리인지 쉽게 알 수 있으니까요. 또한 조선 시대 주모처럼 빗금을 그어 놓으면 수를 셀 수 있을 뿐 아니라 외상값을 오랫동안 기억할 수 있습니다.

아라비아 어촌 마을에서는 커피콩으로 셈을 했고, 남미 잉카 원주민들은 매듭 개수로 수를 나타내기도 했습니다. '계산'을 뜻하는 영어 '칼큘레이트(calculate)'는 조약돌에서 비롯된 말이기도 하지요.

이렇게 도구를 써서 수를 세면 수 세기가 쉬울 뿐 아니라, 수를 오랫동안 기억하기도 좋으며 거래하는 데도 편리했답니다.

이처럼 옛날 사람들은 수를 셀 때 손가락, 조약돌, 나뭇가지, 커피콩 따위에 하나씩 짝을 맞추어 수를 헤아렸습니다. 이런 방법을 일대일 대응(1:1 대응)이라고 합니다.

⑤ 숫자의 탄생

수학 1-1 1. 9까지의 수

옛날 사람들이 손가락이나 가까이 있는 물건으로 수를 헤아렸다면, 숫자는 언제 처음 만들어졌을까요?

먼 옛날에는 나라마다 형편에 맞게 숫자를 만들어 썼습니다. 아래는 나라마다 만들어 쓴 옛날 숫자입니다.

바빌로니아	▼	▼▼	▼▼▼	▼▼ ▼▼	▼▼▼ ▼▼	▼▼▼ ▼▼▼	▼▼▼▼ ▼▼▼	▼▼▼▼ ▼▼▼▼	▼▼▼ ▼▼▼ ▼▼▼	◁
고대 이집트	Ι	ΙΙ	ΙΙΙ	ΙΙ ΙΙ	ΙΙ ΙΙΙ	ΙΙΙ ΙΙΙ	ΙΙΙΙ ΙΙΙ	ΙΙΙΙ ΙΙΙΙ	ΙΙΙ ΙΙΙ ΙΙΙ	∩
고대 그리스	α	β	γ	δ	ε	ϛ	ζ	η	θ	ι
로마	Ⅰ	Ⅱ	Ⅲ	Ⅳ	Ⅴ	Ⅵ	Ⅶ	Ⅷ	Ⅸ	Ⅹ
중국	一	二	三	四	五	六	七	八	九	十
마야	•	••	•••	••••	—	•̄	••̄	•••̄	••••̄	=
현대 아라비아 숫자	1	2	3	4	5	6	7	8	9	10

나라마다 다른 옛날 숫자를 보니 무언가 떠오르지 않나요? 숫자 모양이 막대기나 손가락, 조약돌, 매듭 같은 도구나 진흙판에 새긴 자국 따위를 닮았습니다. 인류의 조상들이 수를 헤아리던 도구의 모양을 따라 그리면서 자연스럽게 숫자가 만들어진 것입니다.

1, 2, 3까지는 그냥 써도 불편하지 않았겠지만, 4가 넘으면 복잡하기도 했을 거예요. 이렇게 복잡하거나 불편한 점을 조금씩 고치고 더 단순하게 만들어서 오늘날 숫자 모양이 된 것이지요.

숫자는 하늘에서 떨어진 것도 아니고 훌륭한 임금이나 뛰어난 사람이 만든 것도 아닙니다. 인류가 발전해 오면서 필요에 따라 자연스레 만들어진 것입니다.

⑥ 고대의 숫자들

수학 2-1 1. 세 자리 수

  먼 옛날 사람들은 나라마다 서로 다른 모양의 숫자를 만들어 썼습니다. 그런데 이 숫자들 가운데 거의가 지금은 쓰이지 않습니다. 현대에는 **인도 – 아라비아숫자**를 전 세계에서 널리 씁니다. 어찌하여 아라비아숫자만 살아남았을까요?

  먼 옛날 나라마다 숫자가 어떤 모양이었는지 살펴보며 생각해 봅시다. 수 3479를 나라마다 어떻게 쓰는지 볼까요?

이집트	𓆼𓆼𓆼𓐂𓐂𓐂𓐂𓐂𓐂𓐂𓎆𓎆𓎆𓎆𓎆𓎆𓎆ӀӀӀӀӀӀӀӀӀ
바빌로니아	≪ ▼▼▼ ≪ ▼▼▼▼
로마	MMMCDLXXIX
중국	三千四百七十九
마야	••• / ≡ / ≡•
아라비아 숫자	3479

이 가운데서 어떤 숫자가 가장 쓰기 쉬울까요?

이번에는 간단한 덧셈을 살펴보겠습니다. (479+246)의 계산식은 다음과 같습니다.

이집트

$$+\ \begin{array}{r}𓐂𓐂𓐂𓐂𓎆𓎆𓎆𓎆𓎆𓎆𓎆ӀӀӀӀӀӀӀӀӀ\\𓐂𓐂\ \ \ \ 𓎆𓎆𓎆𓎆\ \ \ \ ӀӀӀӀӀӀ\\\hline 𓐂𓐂𓐂𓐂𓐂𓐂𓎆𓎆ӀӀӀӀӀ\end{array}$$

바빌로니아

로마

```
  CDLXXIX
+ CCXLVI
─────────
  DCCXXV
```

아라비아숫자

```
  479
+ 246
─────
  725
```

쉽고 빠르게 셈하려면 어떤 숫자를 쓰는 것이 좋을까요?

다른 숫자들은 길고 복잡해서 자리도 많이 차지하고 쓰는 데 시간도 많이 걸립니다. 하지만 아라비아숫자는 짧고 간단하게 쓸 수 있습니다. 다른 숫자들은 특히 계산할 때 더 큰 문제가 있었습니다. 덧셈과 뺄셈은 불편하더라도 그런대로 참으며 할 수 있지만, 수를 곱하거나 나눌 때는 계산하고 쓰는 방법이 매우 복잡해집니다. 옛날 메소포타미아 지역에서는 곱셈과 나눗셈을 계산하는 전문가가 따로 있었을 정도였어요.

하지만 아라비아숫자를 쓰면 덧셈, 뺄셈, 곱셈, 나눗셈까지 쉽게 계산할 수 있습니다. 사람들이 편리한 아라비아숫자를 많이 쓰게 되면서 다른 숫자들은 차츰 쓰지 않게 되었습니다. 아라비아숫자가 수의 왕좌에 오르게 된 것입니다.

7 아라비아숫자

수학 1-1 5. 50까지의 수

아라비아숫자는 왜 쓰기 편리할까요? 아라비아숫자에는 어떤 구성 원리가 숨어 있는 게 아닐까요?

물건 개수를 세는 방법은 한 가지가 아닙니다. 지금까지 인류는 여러 가지 방법으로 수를 세고, 헤아린 수를 여러 가지 방식으로 적어 왔습니다. 이를 **기수법**이라고 합니다. 인류가 수를 헤아려 어떻게 적어 왔는지를 알아보면 아라비아숫자의 장점을 알 수 있습니다.

아래 물음에 대해 살펴봅시다.

첫째, 몇 개씩 묶어 세었을까?

둘째, 센 수를 어떻게 표기했을까?

묶어 세기

구슬치기나 공기놀이를 할 때 그 수가 많아지면 수를 한 개씩 헤아리기가 아주 불편합니다. 그러니 공깃돌이나 구슬을 몇 개씩 묶어 헤아리지요. 두 개씩, 다섯 개씩, 때로는 열 개씩 묶어 세기도 합니다. 하나씩 헤아리는 것보다 훨씬 빨리 개수를 셀 수 있으니까요.

사람들은 수를 몇 개씩 묶어 세면 편리하다는 걸 깨달았어요. 그래서 때에 따라 두 개씩 묶어 세기도 하고 다섯 개씩, 열 개씩, 또는 예순 개씩 묶어 셌지요. 이런 것들이 2진법, 5진법, 10진법, 60진법으로 발전했습니다.

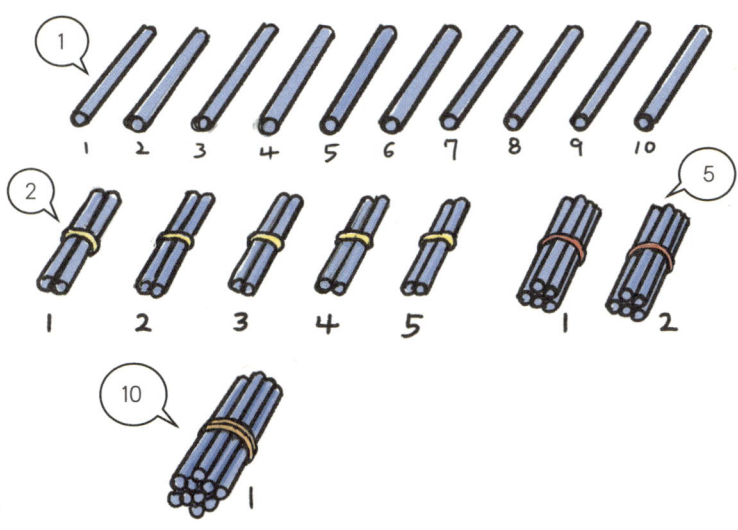

아라비아숫자는 열 개씩 묶어 세는 10진법을 썼어요. 다른 방법보다 편리한 점이 많았기 때문이에요.

표기 방법

사람들은 헤아린 수를 어떻게 적으면 좋을지 궁리했어요. 옛날 여러 나라 사람들은 37을 다음과 같은 방법으로 표기했어요.

어떤 나라 사람들은 막대기 서른일곱 개(IIIIIIIIIIIIIIIIIIIIIIIIIIIIIIIIIIIII)를 그려서 나타냈어요.

이집트 사람들은 십십십 일일일일일일일(∩∩∩IIIIIII, 《《《▽▽▽▽)로 나타냈습니다.

중국 사람들은 삼십칠(三十七)로 나타냈어요.

인도인, 아라비아인, 현대인들은 37로 나타내지요.

지금은 세계 거의 모든 나라에서 37로 씁니다.

아주 간단하지요. 이처럼 아라비아숫자는 표기가 복잡하지 않을뿐더러, 십진법으로 쓰기에 아주 편리합니다. 그래서 인

도에서 만들어 쓰던 것을 아라비아 상인들이 유럽에 전하고, 지금은 전 세계 거의 모든 나라에서 쓰게 된 것이지요.

8) 10진법

수학 1-2 1. 100까지의 수

앞서 살펴봤듯이 10진법은 물건 개수를 열 개씩 묶어서 수를 헤아리는 방법입니다.

그런데 왜 하필이면 열 개씩 묶어 수를 세었을까요? 일곱

개씩, 열한 개씩 묶어 세는 사람은 없었을까요?

　원시인들은 손가락으로 수를 헤아렸습니다. 따로 나뭇가지나 조약돌을 가지고 다닐 필요가 없어 편리했지요. 손가락으로 수를 헤아리다 보니, 물건의 개수가 아주 많으면 열 개가 넘을 때마다 따로 표시해야 편리하다는 것을 깨달았어요. 곧 수가 10이 넘으면 열 개씩 모아 하나로 묶어 옆에 표시해 놓고, 다시 1부터 세었습니다.

　열 개씩 묶은 한 묶음이 열 묶음 모이니 100까지 세는 것도 쉬웠습니다. 그러면서 차츰 100이 넘는 수나 1,000이 넘는 수도 같은 방법으로 헤아릴 수 있었습니다. 이렇게 10진법이 탄생했어요. 10진법은 오랜 세월 동안 사람들이 써 온 익숙한 셈법입니다.

　10진법은 묶어 세는 크기로도 알맞습니다. 두 개씩, 세 개씩 묶어 세면 너무 자주 묶게 되어서 번거롭습니다. 스무 개씩, 예순 개씩 묶어 셀 수도 있지만 묶어 세는 단위가 커지면 묶어 세는 효과가 떨어지지요. 열 개씩 묶어 세는 방법이 묶어 세는 효과가 가장 큽니다.

　인도, 이집트, 로마, 중국처럼 고대 문명이 발달한 국가에서는 10진법으로 수를 헤아리는 방법을 썼습니다. 60진법으로 알려진 바빌로니아에도 10진법의 흔적이 남아 있지요. 마야인들은 20진법으로 수를 표기했다고 합니다. 아마도 손가락 열 개뿐 아니라 발가락 열 개까지 써서 수를 헤아리지 않았을까요?

  10진법이 중요한 까닭은 덧셈, 뺄셈, 곱셈, 나눗셈처럼 사람들이 쓰는 모든 수 활동이 10진법을 바탕으로 이루어지기 때문입니다. 10진법이 수 활동의 기본인 셈이지요.

9 묶어 세기

수학 2-1 1. 세 자리 수

수를 적는 방법을 기수법이라고 합니다. 기수법은 묶어 세는 방법이기도 합니다. 헤아려야 할 수가 많을 때는 묶어 세는 것이 편리하지요.

2진법

우리 조상은 생선을 두 마리씩 묶어 '손'이라는 단위로 표현했습니다. 한 손에 생선 두 마리쯤은 딱 잡기 좋았을 테니까요. 생선 말고 다른 물건도 두 개씩 묶어 세면 편리할 때가

많습니다. 이런 방법들은 2진법과 닮았지요.

  2진법은 생활에서 두루 쓰기에는 조금 불편합니다. 작은 단위로 묶어 자주 받아 올림을 해 주어야 하니 너무 번거롭거든요. 그런데 컴퓨터는 예(YES) 아니오(NO)라는 논리적 이분법으로 작동하기 때문에 2진법이 쓰인답니다. 컴퓨터에서는 '예, 아니오'에 해당하는 두 가지 숫자(0과 1)만 있으면 뭐든지 표현할 수 있어 편리합니다.

5진법

  학급 회장 선거에서 개표할 때 正(바를 정)을 써서 득표수를 칠판에 표기하고는 하지요. 그때 正자가 다섯 개씩 묶어 세는 5진법과 닮았습니다. 역사적으로는 로마 숫자, 마야 숫자에 그 흔적이 남아 있어요. 동남아시아 크메르 사람들도 5진법을 썼다고 해요. 한쪽 손의 손가락이 다섯 개이니까 사람들은 자연스럽게 다섯 개씩 묶어 셈하는 방법을 썼던 거지요.

8진법

미국 캘리포니아에 살던 토착민 유키족은 8진법을 썼다고 해요. 유키족은 손가락 사이사이 골짜기(V자) 모양을 써서 숫자를 세었어요. 골짜기 모양은 두 손 모두 더하면 여덟 개입니다.

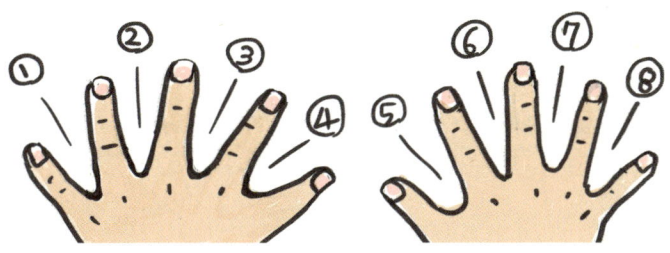

10진법

인도, 아라비아 말고도 이집트, 로마, 중국, 우리나라 같은 많은 나라에서 10진법을 썼습니다.

12진법

고대 로마나 영국의 도량형 단위는 12진법입니다. 엄지손가락을 뺀 네 손가락 마디가 열두 개인 것에서 비롯되었다는 말도 있고, 1년이 열두 달인 데서 비롯되었다는 이야기도 있어요.

12진법은 나누어 갖기 편리해요. 이를테면 사과 열두 개를 두 명이 나누든 세 명, 네 명, 여섯 명이 나누어 가지든 나머지가 나오지 않아 매우 편리합니다. 그래서 상업 거래나 도량형, 시간 계산 따위에 널리 썼어요. 1년은 열두 달, 하루 중 낮은 열두 시간입니다. 또 연필 한 다스는 열두 개이고, 한 그로스(gross)는 12다스입니다. 동아시아 율력에서 유래한 12간지도 있어요. 모두 12진법의 흔적입니다.

60진법

고대 메소포타미아 지역에서 비롯되어 오늘날 시간과 각도를 재는 데 널리 쓰여요. 네 손가락 마디 열두 개와 반대편 손가락 다섯 개를 곱하여 60진법으로 발전했다고 하는가 하면, 5진법을 쓰던 사람들과 12진법을 쓰던 사람들이 섞여 살면서 비롯되었다는 설도 있습니다.

또, 이런 이야기도 있어요. 1년이 약 360일이라고 치고 태양 모양 원을 360으로 생각하는 것이지요. 그 원을 6등분으로 나눈 60을 기본수로 하고 60진법을 썼다는 거예요.

고대에는 똑같이 나누는 등분할이 아주 중요했어요. 생산물을 나눌 때 나머지 없이 똑같이 나누어야 했고, 물건을 사고팔거나 토지 측량을 할 때에도 정확히 나누어야 했습니다. 이때 60진법을 쓰면 매우 편리했어요. 10은 2 혹은 5로만 나누어지지만, 60은 2, 3, 4, 5, 6, 10, 12, 15, 20, 30 등으로 나눌 수 있어서 여럿이 몫을 나누어 가질 때 편리했습니다.

만약 사람 손가락이 모두 여덟 개였다면 어떻게 되었을까요? 아마도 현대인들은 자연스럽게 8진법을 쓰고 있지 않을까요?

10 수를 적는 여러 가지 방법

수학 4-1 1. 큰 수

아라비아숫자는 10진법과 위치기수법을 씁니다. 위치기수법은 대체 무엇일까요? 위치기수법은 어떻게 발전해 왔을까요? 옛날부터 쓰던 여러 가지 수 적는 법을 간단히 살펴보겠습니다.

단항기수법

물건의 수만큼 나뭇가지를 놓는 방법이에요. 막대 모양 개수로 모든 수를 표현하는 것이지요.

수가 2이면 ||
수가 10이면 ||||||||||
수가 30이면 ||||||||||||||||||||||||||||||

선사시대 동물 뼈에 새겨진 눈금 수를 보면 금방 알 수 있어요. 그런데 수가 300이면 어떻게 될까요? 막대 모양 300개를 모두 다 그려야 할까요?

명수법

단항기수법을 쓰다 보니 불편했던 사람들이 머리를 썼어요.

10은 막대 모양 10개를 그리는 대신 '십'(이집트 ∩, 로마 X, 중국 十)이라는 숫자를 만들었어요. 100은 막대 모양 100개를 그리는 대신 '백'(이집트 ◯, 로마 C, 중국 百)이라는 숫자를 따로 만들어 썼어요.

37을 단항기수법과 명수법으로 표현해 보겠습니다.

단항기수법

원시인 : |||||||||||||||||||||||||||||||||||||

명수법

이집트 : ∩∩∩ |||||||

로마 : XXXVII

중국 : 三十七

어때요? 조금 간단해졌나요? '십' '백' '천' '만'에 해당하는 숫자를 따로 만들고 그 숫자에 이름을 붙여 써서 **명수법**이라고 합니다.

위치기수법

명수법보다 좀 더 간단한 방법은 없을까요?

아라비아숫자 : 37

아라비아숫자는 '십'이나 '백'을 나타내는 숫자를 따로 쓸 필요가 없어요. 3을 그냥 '십'의 자리에 쓰면 30, 7을 '일'의 자

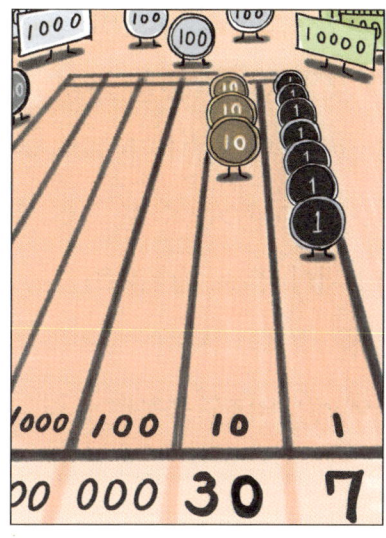

리에 쓰면 7이 됩니다.

 명수법을 쓰는 이집트, 중국, 로마 수 체계에서는 십, 백, 천 같은 자리 값을 나타내는 수가 필요했지만 아라비아숫자에서는 자리 값을 나타내는 수조차 필요 없습니다. 이처럼 똑같은 숫자라도 자리에 따라 수 값을 다르게 쓰는 걸 위치기수법이라고 합니다.

 위치기수법에서는 수가 쓰인 자리만 바꾸면 얼마든지 큰 수를 표현할 수 있어요. 그래서 아라비아숫자는 0에서 9까지 숫자 열 개로 모든 수를 표기할 수 있습니다.

11 0의 탄생

수학 2-1 1. 세 자리 수

위치기수법을 완성하려면 중요한 한 단계가 남아 있었어요. 바로 0의 탄생입니다.

여기서 질문 하나 할게요? 1, 2, 3, 4, 5 같은 자연수가 먼

저 만들어졌을까요, 0이 먼저 만들어졌을까요?

자연수는 실제로 존재하는 물건 수를 나타낸 것이라 수를 생각해 내는 것이 쉽고 자연스럽습니다. 그런데 0은 아무것도 없는 상태를 나타냅니다. 아무것도 없는 것은 눈에 보이지 않는 상태이기 때문에 상상해야만 만들 수 있는 수입니다. 존재하지도 않는 것을 뭐 하러 억지로 만들어 쓰겠어요? 실제로 0은 자연수보다 한참 뒤에 만들어졌습니다. 그렇다면 0은 어떻게 생겨났을까요?

인류 초기에는 0이라는 숫자가 없어도 아무 불편이 없었다고 해요. 원시인들은 생활 규모가 크지 않고 간단한 셈만 필요했기 때문에 자연수로 필요한 수를 모두 표현할 수 있었거든요. 0이라는 숫자는 없었지만, '아무것도 없다'는 것은 생각했겠지요. 그렇다고 해도 존재하지 않는 것까지 숫자로 만들어 쓸 필요는 없었던 겁니다.

이집트, 로마, 중국 같은 나라에서는 그 뒤로도 0이 별로 필요하지 않았어요. 십, 백, 천, 만 같은 자리 값에 해당하는 수를 따로 만들어 썼거든요. 그렇지만 바빌로니아, 마야, 인도 같은 나라는 형편이 달랐습니다. 이런 나라들은 위치기수법을 썼기 때문에 무엇이든 빈자리에 들어갈 표시가 필요했

어요. 인도를 보기로 들어볼까요?

0이 생기기 전 인도 사람들은 307을 3 7처럼 가운데 십의 자리를 비워 놓고 썼어요. 어떤 문제가 생겼을까요? 빈칸 너비가 같지 않으면 바로 문제가 생겼어요. 37이나 3007을 표기할 때 헷갈릴 수 있으니까요. 이런 문제를 해결하려고 처음에는 ● 같은 점을 빈칸에 찍어 썼다고 해요.

37 = 37

3●7 = 307

3●●7 = 3007

이렇게 점을 써서 빈칸을 표시하다가 이 빈칸을 채우는 ● 기호가 차츰 발전하여 오늘날 0이 되었습니다.

0이 빈자리를 채우면서 드디어 인도의 10진법이 완성되었습니다. 이제는 빈칸 때문에 혼란스럽지 않았어요. 빈칸을 채우려고 만들어 쓴 0이 '아무것도 없다'는 뜻을 가진 숫자로 쓰이게 되었습니다. 수 체계가 간편해지자 계산도 쉬워졌습니다.

그래서 오늘날 0이 들어가는 덧셈, 뺄셈, 곱셈, 나눗셈을 무리 없이 풀게 된 것이지요.

12 자리와 수 값

수학 2-1 1. 세 자리 수

2학년 수학 시간이었어요.

"여러분, 지금부터 삼십칠을 숫자로 써 보세요."

선생님 말씀에 강우는 자신 있게 307을 썼습니다.

그때 짝꿍인 서현이가 이상하다는 듯 말했어요.

"아니야, 무슨 삼십칠을 그렇게 쓰니? 삼십칠은 37 이렇게 써야 해."

강우가 큰 소리로 말했어요.

"야, 무슨 소리야? 30과 7이 있으니 307이라고 써야지!"

강우와 서현이 가운데 누구 말이 맞을까요?

위치기수법을 떠올리며 문제를 해결해 봅시다. 아라비아숫자는 수가 차지한 위치(자리)에 따라 수 값이 달라집니다.

333이라는 수로 알아볼까요? 같은 3이라도 일의 자리에 있으면 3, 십의 자리에 있으면 30, 백의 자리에 있으면 300을 나타냅니다.

따라서 삼십칠은 서현이가 말했듯이 37이 맞지요. 강우가 쓴 307은 삼백칠을 나타냅니다.

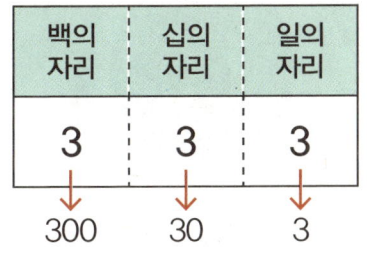

위치기수법에서는 수를 알맞은 자리에 써야 합니다.

그렇다면 이번에는 273이 어떻게 이루어진 수인지 알아볼까요? 273은 200과 70과 3이 한꺼번에 합쳐져 있는 수입니다. 273은 '이백칠십삼'이라고 읽습니다.

$$273 = 200 + 70 + 3$$

13 세상에서 가장 큰 수

수학 4-1 1. 큰 수

　세상에서 가장 작은 자연수는 얼마일까요? 0을 빼고 생각하면 당연히 1이겠지요. 그럼 세상에서 가장 큰 자연수는 얼마일까요? 세상에서 가장 큰 자연수는 아무도 알 수 없습니다. 자연수는 끝이 없기 때문입니다.
　일, 십, 백, 천, 만, 억, 조, 경, 해, 자, 양, 구…….
　자, 양, 구 다음은 간, 정, 재, 극, 항하사, 아승기, 나유타, 불가사의, 무량대수 같은 큰 수 이름이 있지만, 잘 쓰지 않습니다. 이런 낯선 수의 이름은 대부분 '아주 큰 수'라는 뜻입니다. 주로 인도 불교에서 쓰던 낱말에서 비롯되었다고 해요. 이를테면 항하사는 '갠지스강의 모래', 무량대수는 '셀 수 없이 많은 수'라는 뜻입니다.
　현대 수학자들은 큰 수를 간단하고 명확한 방법으로 표현하고 있습니다.

십(10)=10^1

백(100)=10×10=10^2

천(1000)=10×10×10=10^3

만(10000)=10×10×10×10=10^4

십만(100000)=10×10×10×10×10=10^5

＊10^5 : 10을 5번 곱한다는 뜻으로, 거듭제곱(지수)입니다.

이렇게 수를 표현하면 큰 수에 따로 이름을 붙이지 않고도 얼마든지 표현할 수 있습니다. 무량대수를 숫자로 적으려면 0을 68개나 붙여야 합니다. 하지만 거듭제곱을 써서 10^{68}처럼 간단하게 나타낼 수 있습니다.

사실 큰 수는 얼마든지 있기 때문에 모든 수에 이름을 붙일 수 없습니다. 그래서 거듭제곱이 쓸모가 있는 것입니다.

 큰 수 읽기

수학 4-1 1. 큰 수

우리나라에서는 수를 네 자리씩 구분해 이름 붙입니다. 수를 읽을 때도 네 자리씩 끊어서 읽고, 쓸 때도 네 자리씩 띄어 씁니다. 숫자에 이름을 붙이는 방식은 나라마다 조금씩 다릅니다.

83750732594를 읽어 볼까요?

단위	억				만				천	백	십	일
	천	백	십	일	천	백	십	일				
수		8	3	7	5	0	7	3	2	5	9	4

837억 5073만 2594

팔백삼십칠억 오천칠십삼만 이천오백구십사

이제 다음 수를 읽어 봅시다.

5206083432782004

단위	조				억				만				천	백	십	일
	천	백	십	일	천	백	십	일	천	백	십	일				
수	5	2	0	6	0	8	3	4	3	2	7	8	2	0	0	4

5206조 834억 3278만 2004

오천이백육조 팔백삼십사억 삼천이백칠십팔만 이천사

일상생활에서 큰 수를 쓰는 경우를 알아볼까요?

지구에서 달까지 거리 : **384,399**km(약 38만 4천 킬로미터)

우리나라 인구 : **51,839,953**명(약 5천 180만 명)

우리 몸속 세포 수 : **75,000,000,000,000**개(약 75조 개)

우리나라 1년 예산 : **512,000,000,000,000**원(약 512조 원)

1년 연봉 : **47,000,000**원(4천 7백만 원)

더 알아보기

수와 숫자

　위 그림에서 같은 점 하나를 찾아보세요. 개수가 세 개라는 점이 같습니다. '수'는 겉으로 보이는 모든 성질을 버리고 남은 속성을 뜻합니다. 다시 말해, 사물의 생김새나 재료, 색깔, 크기 따위를 모두 제쳐 두면 사물의 개수가 세 개라는 사실만 남습니다.
　옛날에는 나라마다 수를 나타내는 기호들이 있었습니다.

이집트 사람 III   바빌로니아 사람 ᐅᐅᐅ
그리스 사람 Γ   로마 사람 III
마야 사람 •••   중국 사람 三
인도 사람 ٣   현대를 살아가는 우리 3

이렇게 나라마다 수를 표현한 기호 모양이 다릅니다. 이 기호들은 다 숫자입니다. 개수는 똑같이 '셋'인데 나라마다 쓰는 방법이 다르지요.

이처럼 '숫자'는 수를 쓰는 기호일 뿐입니다. 나라마다 다른 모양으로 숫자를 만들어 쓸 수 있는 것이지요. 수는 같더라도 숫자는 얼마든지 다르게 만들어 쓸 수 있다는 말입니다.

더 알아보기

여러 가지 기수법으로 수 세기

여러 가지 기수법으로 수를 세 보면 기수법을 더 깊게 이해할 수 있습니다. 기수법의 기본을 이해하기 위해 계산 틀을 써 봅시다.

2진법

10진법 13을 2진법으로 나타내 봅시다.

2진법은 2로 묶어 세기입니다. 한 칸에 점 2개가 채워지면 한 자리 위로 받아 올림을 합니다. 따라서 어느 한 칸에 0이나 1은 들어갈 수 있지만 2는 들어갈 수 없습니다.

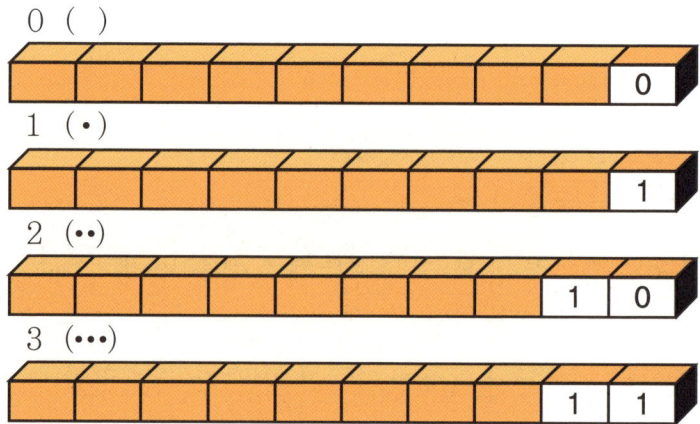

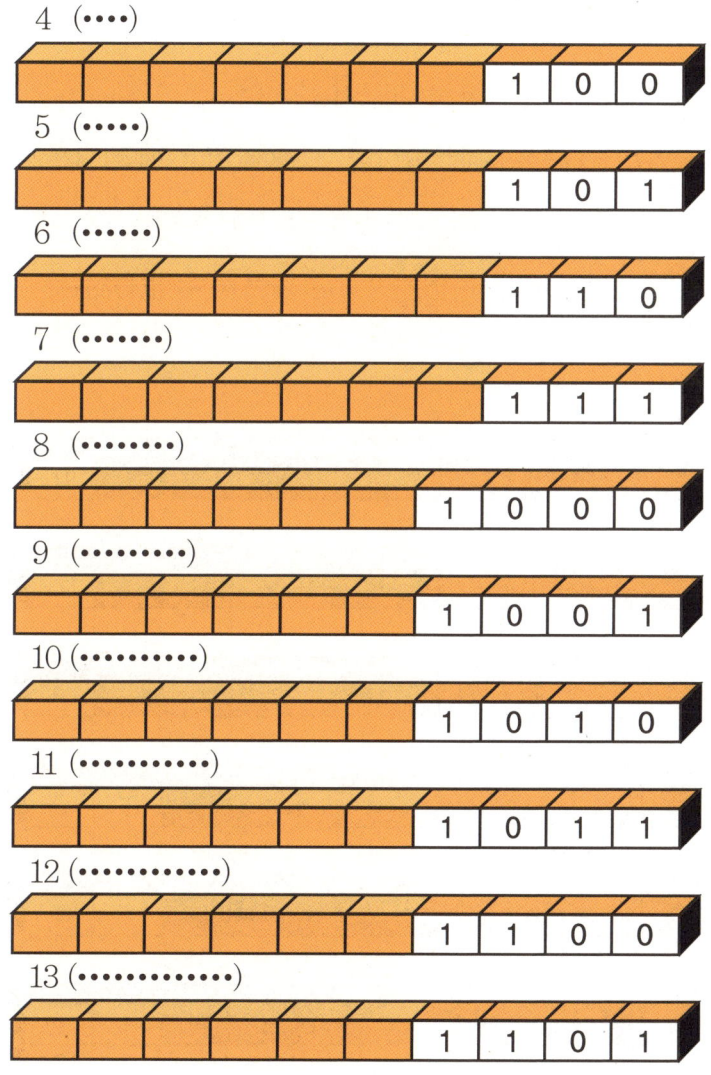

10진법 13을 2진법으로 바꾸면 1101이 됩니다.

3진법

10진법 13을 3진법으로 바꾸어 봅시다.

3진법은 3씩 묶어 세기입니다. 그래서 한 칸에 점 3개가 채워지면 한 자리 위로 받아 올림을 합니다. 따라서 어느 한 칸에 0, 1, 2는 들어갈 수 있지만 3은 들어갈 수 없습니다.

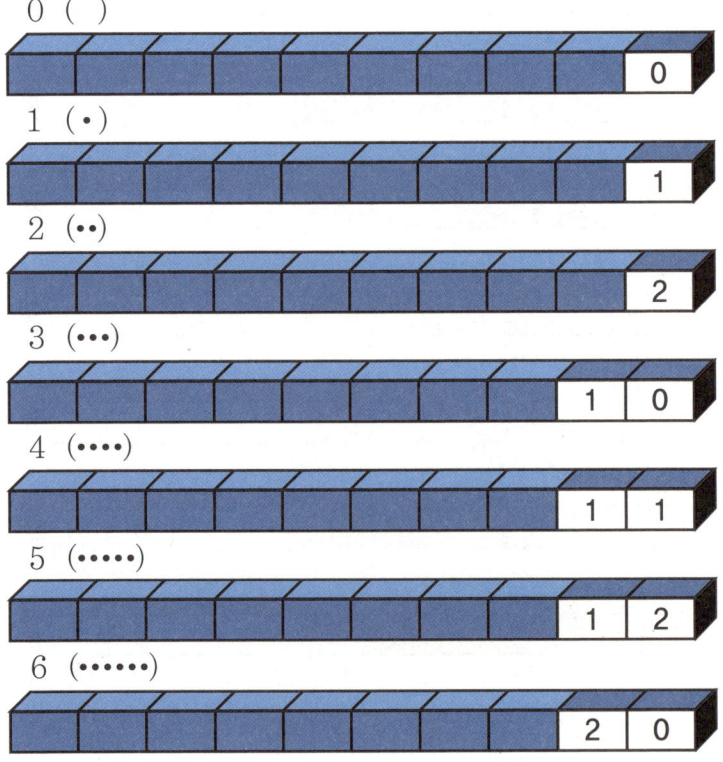

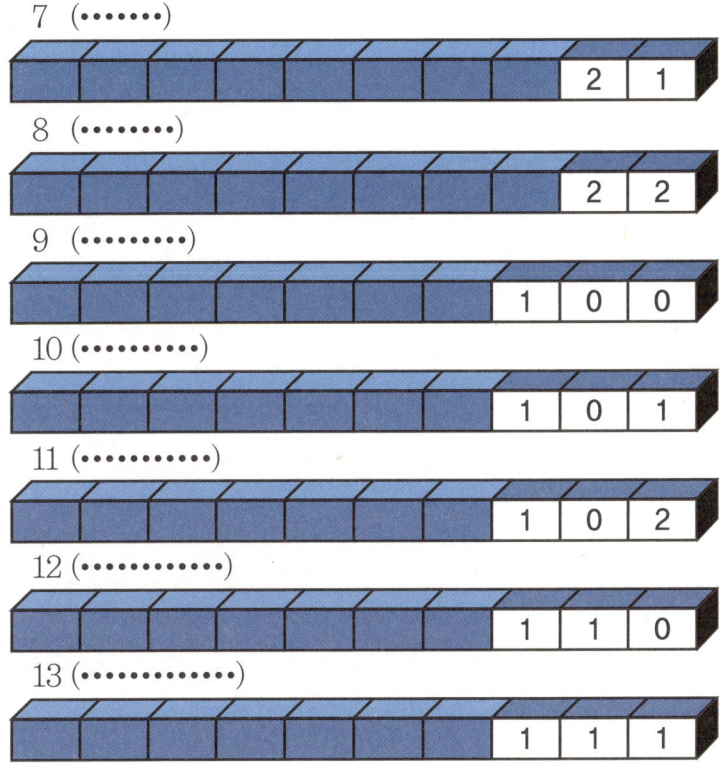

10진법 13을 3진법으로 바꾸면 111이 됩니다.

4진법도 구할 수 있습니다. 4진법 계산 틀의 한 칸에는 0, 1, 2, 3은 들어갈 수가 있지만 4가 들어갈 수는 없습니다.

종이에 계산 틀을 그려 여러 번 하다 보면 기수법을 완전히 이해할 수 있을 것입니다.

2장
덧셈과 뺄셈

덧셈과 뺄셈은 우리 생활에서 가장 많이 쓰여요.
우리가 수학을 배우는 데 바탕이 되는 개념이기도 하지요.
덧셈과 뺄셈에 어떤 법칙이 숨어 있을까요?

1 수 세기

수학 1-1 3. 덧셈과 뺄셈

　수 세기에는 아주 중요한 비밀이 있습니다. 바로 더하기와 빼기의 기본 개념이 들어 있는 것이지요.
　5에서 앞으로 두 칸 더 가면 7이 됩니다. 여기에는 5에 2를 더하면 7이 된다는 개념이 들어 있습니다. 9에서 뒤로 세 칸 가면 6이 됩니다. 9에서 3을 빼면 6이 된다는 개념이 담겨 있지요. 그래서 수 세기를 익히면 덧셈과 뺄셈을 잘할 수 있습니다.
　수 세기를 공부할 때 앞에서부터 이어 세기와 뒤에서부터 거꾸로 세기 두 가지 방법으로 공부하면 좋습니다. 그리고 수 배열표를 활용하면 속셈하는 데 크게 도움이 됩니다.

수 배열표

1	2	3	4	5	6	7	8	9	10
11	12	13	14	15	16	17	18	19	20
21	22	23	24	25	26	27	28	29	30
31	32	33	34	35	36	37	38	39	40
41	42	43	44	45	46	47	48	49	50
51	52	53	54	55	56	57	58	59	60
61	62	63	64	65	66	67	68	69	70
71	72	73	74	75	76	77	78	79	80
81	82	83	84	85	86	87	88	89	90
91	92	93	94	95	96	97	98	99	100

2+4 : 2에서 앞으로 네 칸 가기

7-3 : 7에서 뒤로 세 칸 가기

47+12 : 47에서 한 줄 아래로 내려가서(더하기 10), 앞으로 두 칸 가기

78-35 : 78에서 세 줄 위로 올라가서(빼기 30), 뒤로 다섯 칸 가기

② 물건 이용하기

수학 1-1 3. 덧셈과 뺄셈

여러분, 혹시 손가락셈은 아주 어린아이들이나 하는 거라고 생각하나요? 초등학교 저학년 때는 많은 아이가 손가락을 써 가며 덧셈, 뺄셈을 배웁니다. 손가락셈을 하면 수를 눈으로 바로 볼 수 있어 좋습니다. 실제 물건을 눈으로 보고 손으로 직접 만져 가며 공부해야, 배운 내용을 잘 기억할 수 있습니다. 손가락은 수학을 공부할 때 머릿속에 잘 남을 수 있도록 돕는 좋은 도구입니다. 손가락셈은 훌륭하면서도 꼭 필요한 방법입니다.

특히 초등 저학년은 수학 공부를 막 시작하는 때여서 실제 물건을 써서 공부하면 큰 도움이 됩니다. 둘레에서 볼 수 있는 물건이라면 무엇이든 좋습니다. 셈돌, 바둑돌, 수수깡, 수막대, 수 배열표, 덧셈 구구표 따위를 써서 덧셈, 뺄셈을 해 보세요.

 둘레에서 물건을 구하기 어려우면 손가락을 쓰거나 종이에 그림을 그려 가며 공부할 수 있습니다.

 덧셈, 뺄셈뿐 아니라 모든 수학 공부에 사물을 활용하면 좋습니다. 물건으로 수학을 공부하면 수학적 상상력을 일으키고 머릿속에 이미지가 남아 오래 기억할 수 있습니다. 그래서 학교 자료실에 수많은 모형 학습 자료가 있는 것이지요.

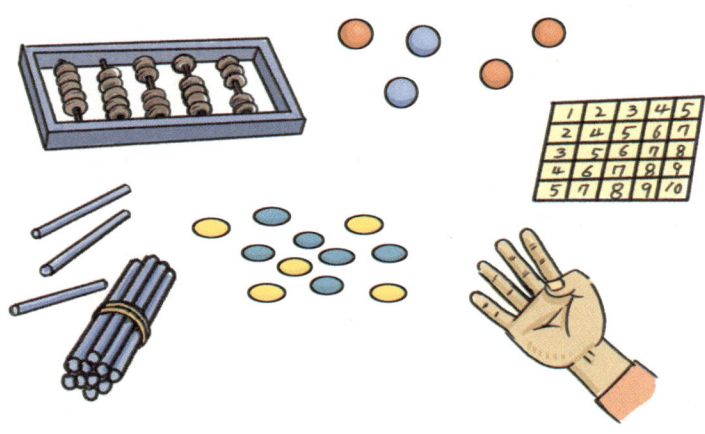

③ 수 짝 알기

수학 1-1 3. 덧셈과 뺄셈

수학을 공부할 때 물건들을 이용하는 것은 좋지만, 항상 물건을 가지고 다니며 계산할 수는 없습니다. 학년이 높아질수록 손가락을 쓰지 않고 계산할 일이 많아지거든요. 이럴 때 수 짝을 알면 좋습니다.

5의 수 짝

우리가 쓰는 아라비아숫자는 10진법입니다. 따라서 모아서 10이 되는 수를 알면 덧셈 뺄셈에 큰 도움이 됩니다.

먼저 10의 반인 5의 수 짝을 알아봅시다.

5 모으기

1이 있으면 얼마를 더 모아야 5가 될까요?

2가 있으면 얼마를 더 모아야 5가 되나요?

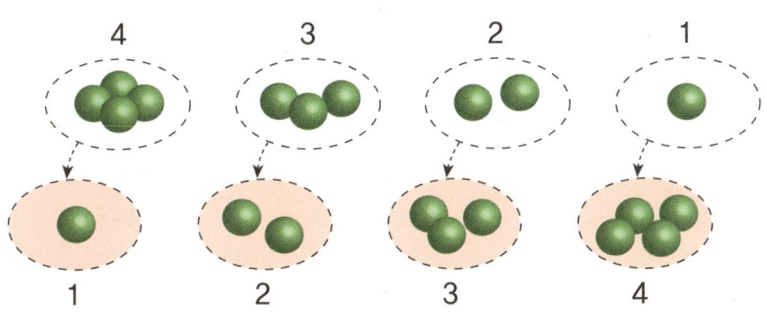

5 가르기

이번에는 5를 두 수로 갈라 보겠습니다. 5를 1과 얼마로 가를 수 있을까요? 5를 2와 얼마로 가를 수 있을까요?

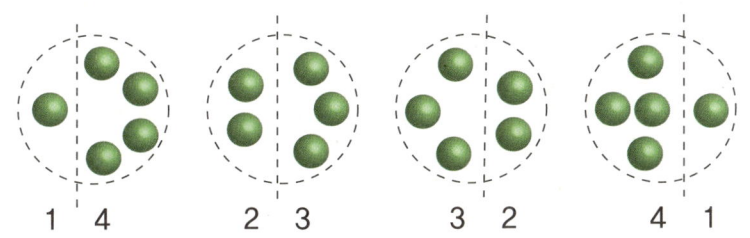

수 모으기, 수 가르기를 하면 '모아서 5가 되는 수'의 짝을 찾을 수 있습니다. 1의 짝은 4, 2의 짝은 3, 3의 짝은 2, 4의

짝은 1이 됩니다.

10의 수 짝

10진법은 10개씩 묶어 세는 셈법입니다. 모아서 10이 되면 윗자리로 올려 주어야 하지요. 그래서 어떤 수들이 모여 10이 되는지 알아야 합니다. 10이 되는 수 짝을 알고 있으면 덧셈, 뺄셈이 더 쉬워집니다.

10 모으기

모아서 10이 되는 수를 알아봅시다.
1이 있으면 얼마를 더 모아야 10이 될까요?
2가 있으면 얼마를 더 모아야 10이 되나요?

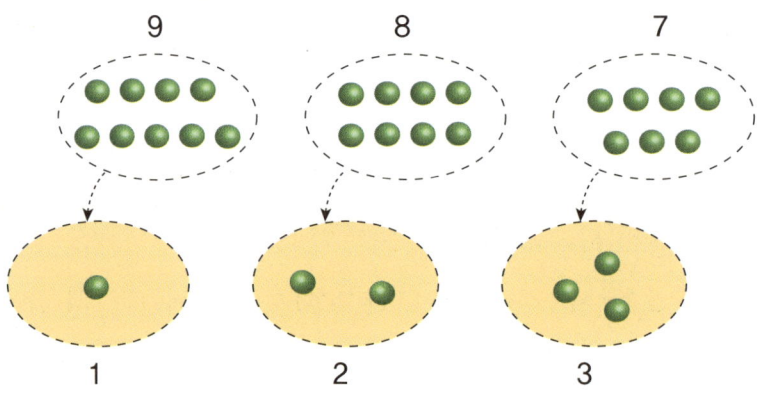

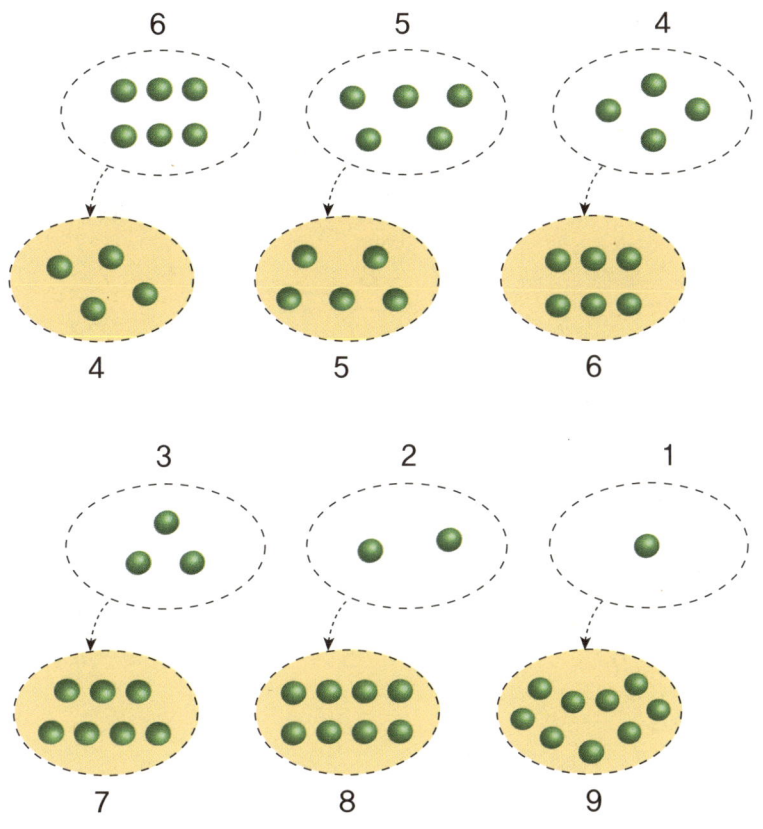

10 가르기

이번에는 거꾸로 10을 두 수로 갈라 보겠습니다.

10을 1과 얼마로 가를 수 있을까요?

10을 2와 얼마로 가를 수 있을까요?

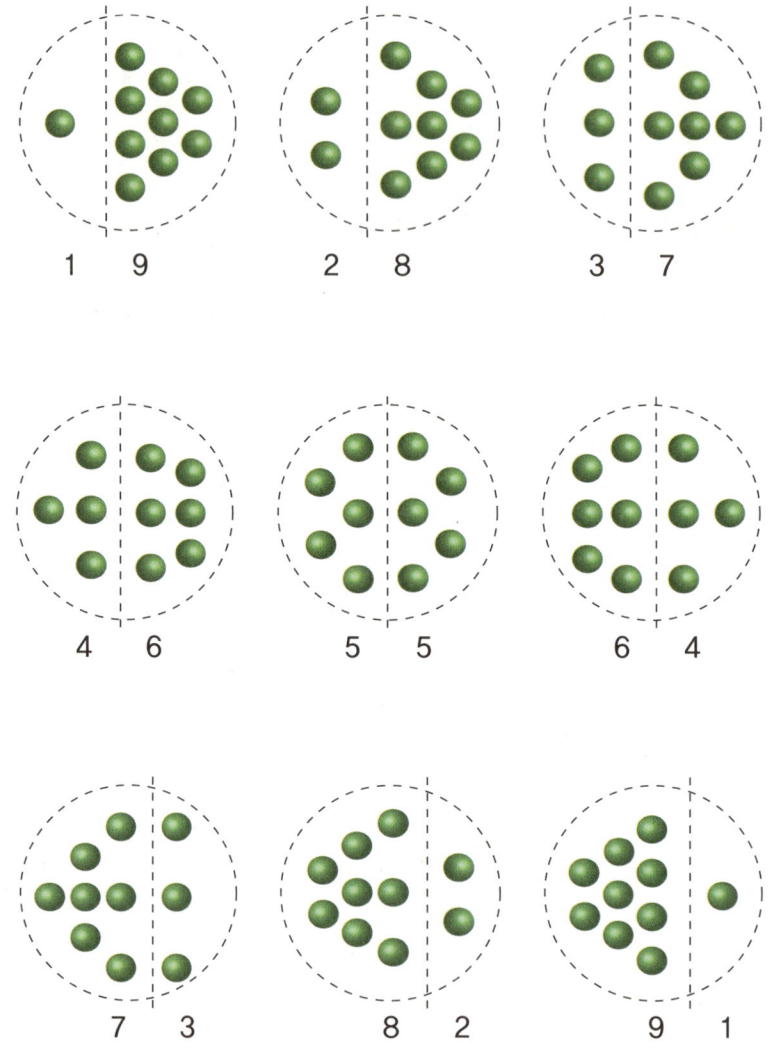

쉽게 수 짝을 찾을 수 있을 거예요.

1의 짝은 9, 2의 짝은 8, 3의 짝은 7, 4의 짝은 6, 5의 짝은 5, 6의 짝은 4, 7의 짝은 3, 8의 짝은 2, 9의 짝은 1입니다. 수 모으기와 수 가르기를 잘하게 되면 덧셈, 뺄셈이 훨씬 쉬워집니다.

5의 수 짝, 10의 수 짝을 잘 찾을 수 있으면 다른 수들도 짝 찾기를 해 보세요. 계산 능력이 쑥쑥 커 나갈 거예요.

④ 받아 올림과 받아 내림

수학 1-2 6. 덧셈과 뺄셈(3)

　덧셈할 때 한 번쯤 이런 궁금증이 들었을 거예요. 받아 올림이란 무엇이고, 왜 받아 올림을 해야 할까요?

　아라비아숫자는 10진법과 위치기수법을 쓰고 있어요. 10진법이란 수를 10개씩 묶어 셈하는 셈법입니다. 위치기수법은 수가 일정하게 모였을 때, 묶어서 윗자리로 올려 줘야 해요.

　받아 올림은 바로 10씩 모은 묶음을 윗자리에 올려 주는 것을 말합니다. 그런데 왜 꼭 10이 되었을 때 받아 올림을 해야 할까요? 우리가 10진법을 쓰기 때문입니다. 만약 우리가 7진법을 쓴다면 7이 모일 때마다 받아 올림 하고, 8진법을 쓰면 8이 모일 때마다 받아 올림을 해 줘야 할 거예요. 한편, 명수법을 쓸 때는 받아 올림을 할 필요가 없습니다. 큰 수가 생겨도 그에 해당하는 수 이름이 있기 때문에 굳이 위치를 옮기지 않아도 되지요. 이렇게 받아 올림을 해야 할 때도 있지만 받아 올림이 필요 없을 때도 있습니다.

받아 올림을 하지 않는 경우

각 자리의 수를 더했을 때 10이 넘지 않으면 받아 올림을 하지 않습니다.

```
  2 6
+ 3 2
─────
  5 8
```

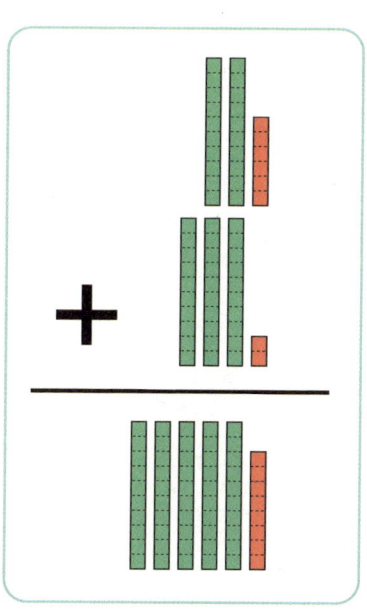

받아 올림을 하는 경우

각 자리의 수를 더했을 때 10이 넘으면 받아 올림을 합니다.

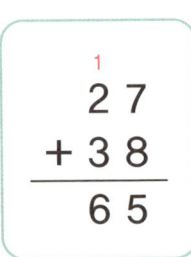
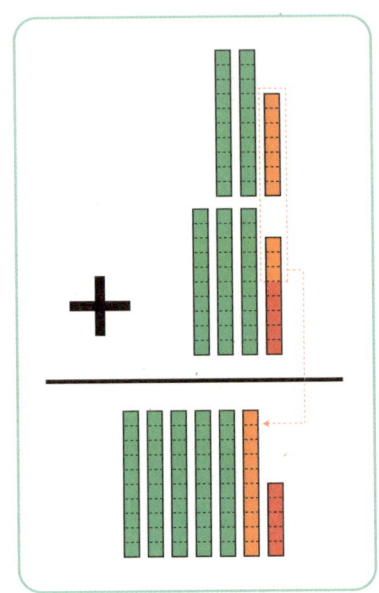

받아 내림도 같은 원리입니다.

받아 내림이란 뺄셈을 할 때 어떤 자리의 수가 부족하면 윗자리 수를 가져다 쓰는 것을 말해요. 우리가 쓰는 아라비아 숫자는 10진법으로 되어 있으므로 윗자리에서 한 묶음 가져오면 아랫자리에 10이 더해집니다.

받아 내림을 하지 않는 경우

두 수를 빼다 보면 받아 내림이 필요 없는 경우가 있어요.

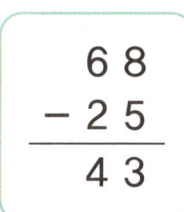

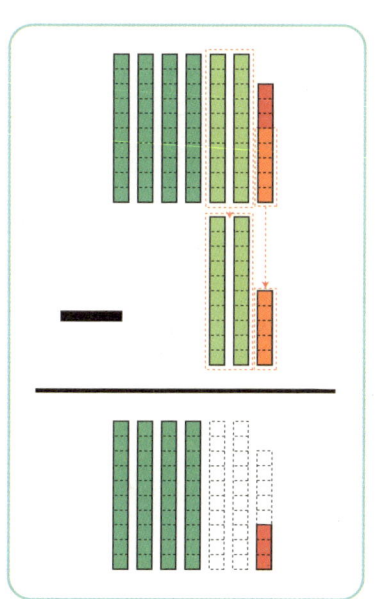

일의 자리 뺄셈을 할 때 8에서 5를 뺄 수 있으므로 받아 내림 할 필요가 없습니다. 또한 십의 자리 뺄셈을 할 때에도 60에서 20을 뺄 수 있으므로 받아 내림을 하지 않아도 됩니다.

받아 내림을 하는 경우

뺄셈을 할 때 수가 모자라면 아래와 같이 윗자리에서 받아 내림을 해야 합니다.

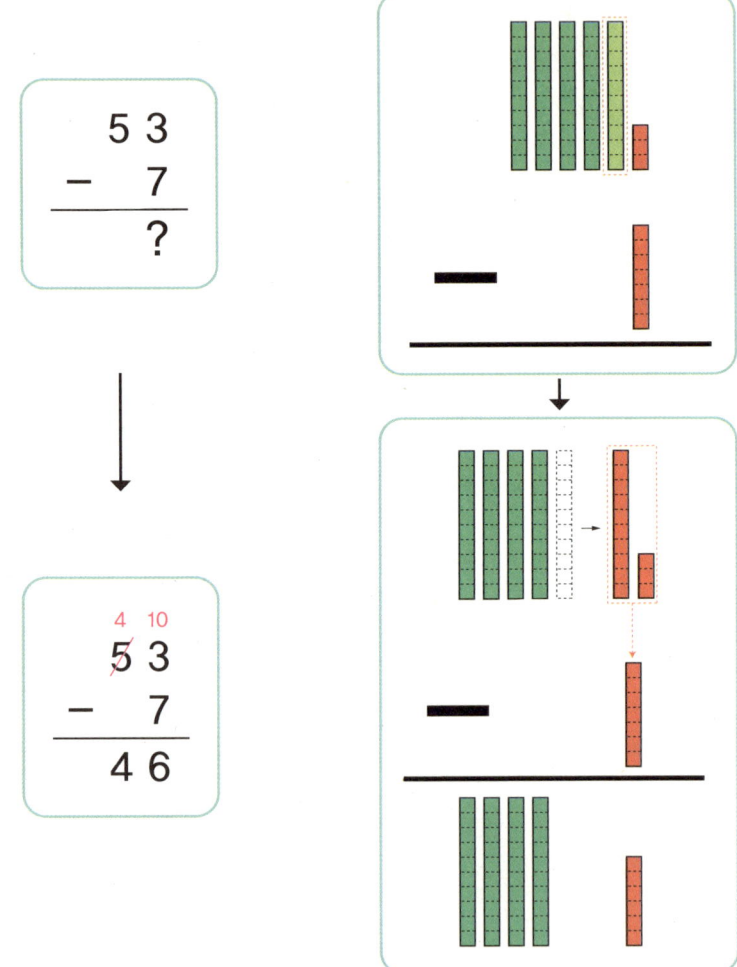

일의 자리 뺄셈을 할 때 3에서 7을 뺄 수 없으므로, 50에서 10을 가져와(받아 내림) 13에서 7을 빼면 됩니다.

5 자리 맞추기

수학 2-1 3. 덧셈과 뺄셈

    2학년 수학 시간, 서현이랑 강우가 선생님이 낸 문제를 풀고 있습니다.
    "43원에 5원을 더하면 얼마일까요? 자리마다 줄을 잘 맞추어 더하세요!"
서현이는 이렇게 생각했어요.
'줄을 잘 맞추라고? 앞자리부터 줄을 맞추어야지.'
서현이는 맨 앞줄을 맞췄습니다.
강우는 서현이랑 다르게 생각했어요.
'맞아, 1원짜리는 1원짜리끼리 10원짜리는 10원짜리끼리 맞추어 더해야지!'
강우는 맨 뒷줄을 맞추었습니다.
서현이와 강우 가운데 누가 바르게 계산했을까요?

　덧셈, 뺄셈을 할 때는 가치가 같은 수(같은 단위 수)끼리 계산해야 합니다. 말하자면 1원짜리는 1원짜리끼리, 10원짜리는 10원짜리끼리 계산해야 하지요. 길이를 더할 때, 미터는 미터끼리, 센티미터는 센티미터끼리 더하는 것과 같습니다. 가치가 같은 수끼리 계산하려면 일의 자리는 일의 자리끼리, 십의 자리는 십의 자리끼리, 백의 자리는 백의 자리끼리 더하거나 빼야 합니다.

　따라서 같은 자릿수끼리 더한 강우가 바르게 계산한 것이지요. 세로셈을 할 때, 일의 자릿수를 가지런히 맞추면 나머지 자릿수는 저절로 맞춰집니다.

서현(잘못된 셈)

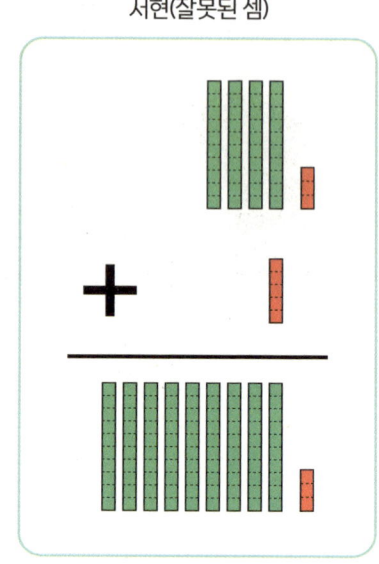

강우(바른 셈)

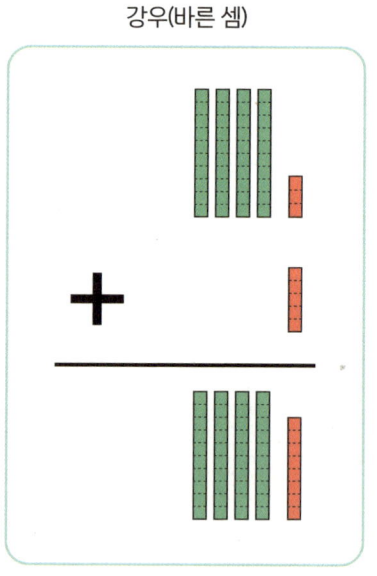

6 덧셈과 뺄셈의 관계

수학 2-1 3. 덧셈과 뺄셈

학교 체육실에 파란 고무공 4개와 빨간 고무공 3개가 있습니다. 그림을 보고 덧셈식과 뺄셈식을 만들어 봅시다.

$$4+3=7 \qquad 3+4=7$$

$$7-3=4 \qquad 7-4=3$$

식을 잘 살펴보세요. 덧셈을 거꾸로 하면 뺄셈이 되고 뺄셈을 거꾸로 하면 덧셈이 됩니다. 이를 **역연산 관계**라고 합니다. 역연산 관계를 알고 나면 복잡한 계산을 하는 수고를 덜 수 있습니다.

$$43+25=68$$

위의 덧셈식이 바르다는 것을 알고 있으면

$$68-43=25 \qquad 68-25=43$$

위의 두 뺄셈식 또한 계산하지 않고도 답을 알 수 있지요. 내가 계산한 덧셈이 맞는지 뺄셈으로 검산해 볼 수 있고, 뺄셈을 잘했는지 덧셈으로 검산할 수 있습니다.

7 가우스의 문제 풀이

수학 3-1 1. 덧셈과 뺄셈

지금으로부터 약 230여 년 전, 독일 어느 초등학교 3학년 교실에서 있었던 일입니다. 수학 시간에 담임 선생님께서 갑자기 칠판에 어려운 문제를 냈습니다.

"1에서 100까지 수를 모두 더하세요. 다 풀고 답을 내면 선생님 책상에 차례로 올려놓으세요."

'휴, 아이들이 이 문제를 쉽게 풀지는 못할 테니 한동안 좀 쉴 수 있겠구나.'

담임 선생님은 가벼운 마음으로 자리에 앉았습니다.

학생들은 열심히 문제 풀이에 매달렸습니다.

학생들은 1+2=3, 3+3=6, 6+4=10…… 이런 방법으로 1에서 100까지 차례로 더해 가느라 끙끙거리고 있었지요. 그런데 얼마 지나지도 않았는데 한 학생이 공책을 들고 앞으로 나왔습니다.

'설마 벌써 다 푼 것은 아니겠지. 뭘 물어보려고 하나?'

선생님 생각과 달리 학생은 책상에다 공책을 올려놓고 자리로 돌아갔어요. 선생님은 공책을 살펴보고 깜짝 놀랐어요. 그 학생은 문제를 다 풀었을 뿐 아니라 답 또한 맞았습니다. 더 놀라운 것은 풀이 방법이었습니다.

선생님이 그 학생에게 도대체 문제를 어떻게 풀었는지 물었더니, 다음과 같이 대답했어요.

"1+100=101, 2+99=101, 3+98=101……49+52=101, 50+51=101. 101이 50번 있으니까 101×50=5050입니다."

평소 수학을 좋아하던 이 학생은 커서 수학자가 되었습니다. 이 사람이 바로 독일의 수학자 '가우스'입니다. 가우스의 이런 계산법은 일정한 간격으로 떨어진 수들의 합을 구하는

데 쓸 수 있습니다. 요즘 고등학교에서나 배우는 이런 방법을 초등학생 때 이미 알고 있었다니, 가우스의 수학적 재능이 얼마나 뛰어났는지 짐작할 수 있습니다.

가우스는 두 수를 짝 지으면 같은 수가 된다는 규칙을 발견해 문제를 쉽게 해결했습니다. 가우스는 또 덧셈을 곱셈으로 바꾸었지요. 수학은 규칙을 찾는 학문이기도 합니다. 지금도 수학자들은 새로운 규칙을 찾아내 '식'으로 만들고 있답니다. 규칙을 찾지 못한 다른 학생들은 1에서 100까지 차례대로 더하느라 얼마나 많은 시간이 걸렸을지 한번 상상해 봅시다.

수학 풀이는 여러 가지 방법이 있을 수 있습니다. 여러분도 수학을 공부할 때 기존의 틀에서 벗어나 새롭고 다양한 창의적인 방법으로 답을 찾아보려고 노력해 보세요.

8 덧셈의 계산 원리

수학 1-2 4. 덧셈과 뺄셈(2)

앞에서 우리는 5와 10의 수 짝과 가우스 식의 간편 계산법을 살펴보았습니다. 이처럼 덧셈을 쉽게 풀 수 있는 데는 어떤 법칙이 있을까요?

덧셈을 쉽게 만들어 주는 계산 원리는 덧셈의 교환법칙과 결합법칙입니다. 교환법칙과 결합법칙을 말로만 들으면 어렵게 느껴지지만 알고 보면 매우 쉽습니다.

교환법칙은 두 수를 더할 때 더하는 차례를 바꾸어 더해도 결과가 같은 걸 말합니다. 결합법칙은 세 수 이상 더할 때 어느 두 수를 먼저 묶어 더하여도 결과가 같은 걸 말하지요. 이 두 법칙을 알고 있으면 복잡한 덧셈도 손쉽게 해결할 수 있습니다.

교환법칙

2+3=5를 알면 3+2는 따로 계산할 필요가 없습니다. 덧셈에 교환법칙이 성립하기 때문입니다.

$$2+3=5=3+2$$

결합법칙

3+6+4는 수가 나온 차례로 계산하는 것보다 6과 4를 먼저 묶어 더하면 쉽게 계산할 수 있습니다. 덧셈에 결합법칙이 성립하기 때문입니다.

$$3+6+4$$
$$3+(6+4) \longrightarrow 3+(10)=13$$

교환법칙과 결합법칙을 알고 있으면 여러 수의 덧셈을 쉽게 해결할 수 있습니다. 다음 쪽에서 두 법칙을 조금 더 자세히 살펴봅시다.

9 덧셈의 교환법칙

수학 1-2 4. 덧셈과 뺄셈(2)

사과가 한 접시에 3개, 다른 접시에 4개가 담겨 있습니다. 두 접시에 담긴 사과는 모두 몇 개일까요?

이와 같이 더하는 두 수가 있을 때 더하는 차례를 바꾸어도 계산 결과는 같습니다. 이것을 덧셈의 교환법칙이라고 합니다. 교환법칙의 다음과 같은 특징 덕분에 덧셈을 쉽게 할 수 있습니다.

첫째, '이어세기'를 해서 덧셈식 **3+28**을 풀 때, 3에서 시작해 28을 세는 것보다 28에서 시작해 3을 세는 것이 훨씬 쉽습니다. 두 수의 덧셈은 차례를 바꾸어 더해도 되기 때문이지요.

둘째, 덧셈의 교환법칙은 외워야 할 덧셈 구구표의 수를 반 정도로 줄여 줍니다. 아래 덧셈 구구표를 보면 **2+7**과 **7+2**가 같다는 것을 알 수 있습니다. 그래서 **43+59=102**라는 것을 알면 **59+43**의 답을 저절로 알게 됩니다.

덧셈 구구표

0	1	2	3	4	5	6	7	8	9
1	2	3	4	5	6	7	8	9	10
2	3	4	5	6	7	8	9	10	11
3	4	5	6	7	8	9	10	11	12
4	5	6	7	8	9	10	11	12	13
5	6	7	8	9	10	11	12	13	14
6	7	8	9	10	11	12	13	14	15
7	8	9	10	11	12	13	14	15	16
8	9	10	11	12	13	14	15	16	17
9	10	11	12	13	14	15	16	17	18

10 덧셈의 결합법칙

수학 1-2 4. 덧셈과 뺄셈(2)

들판에 참새 5마리, 6마리, 4마리, 이렇게 세 무리가 모이를 쪼아 먹고 있습니다. 참새는 모두 몇 마리일까요?

5+6+4를 계산하는 경우 보통은 순서대로 5와 6을 먼저 더하고 그다음에 4를 더합니다.

$$(5+6)+4=11+4=15$$

그런데 덧셈만 하는 식은 수들을 다시 묶어 더할 수 있습니다. 아래처럼 합이 10이 되도록 뒤에 있는 두 수를 먼저 묶은 뒤에 더하면 편리합니다.

$$5+(6+4)=5+10=15$$

이처럼 세 수 이상의 여러 수를 더할 때, 어느 두 수를 먼저 묶어 더하여도 결과가 같습니다. 이를 **덧셈의 결합법칙**이라고 합니다. 결합법칙에는 다음과 같은 좋은 점이 있습니다.

첫째, 결합법칙은 덧셈을 쉽게 할 수 있게 해 줍니다.
덧셈식 7+32+8을 풀 때
7+32+8=(7+32)+8=39+8=47로 계산하는 것보다
7+32+8=7+(32+8)=7+40=47로 계산하면 더 편리

합니다.

둘째, 수를 나누어 결합법칙으로 연결하는 방식은 덧셈의 기초입니다. 이 경우 10 만들기 전략이 좋습니다.

8+5=8+(2+3)=(8+2)+3=10+3=13

셋째, 결합법칙을 곱셈과 함께 쓰면 복잡한 덧셈식을 더욱 쉽게 풀 수 있습니다.

교환법칙과 결합법칙을 능숙하게 쓸수록 수 감각이 발달합니다. 그렇다고 용어를 애써 외울 필요는 없습니다. 많은 수를 더할 때 차례를 바꾸어 더해도 결과가 같다는 것만 알면 됩니다. 좀 더 익숙해진 뒤에 '아하, 이게 결합법칙이구나.' 하고 깨달으면 좋습니다.

3장
곱셈

초등학교 저학년이 되면 누구나 구구단을 외우지요.
구구단은 곱셈을 배우는 기초입니다.
곱셈에는 어떤 계산 원리가 들어 있을까요?

1 곱셈의 탄생

수학 2-1 6. 곱셈

덧셈, 뺄셈도 벅찬데 왜 곱셈까지 생겨나 우리를 힘들게 하는 걸까요? 오해하지 마세요. 곱셈은 우리를 괴롭히려고 생긴 게 아니라 오히려 우리를 도와주려고 생겨났습니다. 대체 무슨 소리냐고요? 다음 계산을 하며 생각해 봅시다.

전깃줄에 참새 7마리가 앉아 있습니다. 참새 7마리의 다리는 모두 몇 개일까요?

2+2+2+2+2+2+2
=4+2+2+2+2+2
=6+2+2+2+2
=8+2+2+2
=10+2+2
=12+2
=14개

2를 차례로 7번 더하면 14가 됩니다.

이렇게 같은 수를 여러 번 더할 때 곱셈으로 하면 쉽게 문제를 해결할 수 있어요. 위 덧셈은 2가 7번 있으므로 2의 7배가 되고 이를 곱셈으로 나타내면 (2×7)이 됩니다.

$$2 \times 7 = 14$$

참새 다리가 모두 14개라는 것을 쉽게 알 수 있지요.

이처럼 곱셈은 같은 수를 하나하나 여러 번 더하는 수고를 덜어 줍니다.

2) 곱셈과 구구단

수학 2-2 2. 곱셈구구

구구단은 (한 자리 수)×(한 자리 수) 곱셈을 차례대로 늘어놓아 표로 만든 것이에요. 구구단만 잘 외우면 아무리 큰 수 곱셈이라도 쉽게 풀 수 있답니다. 그래서 우리가 열심히 구구단을 외우는 거예요. 그러니까 곱셈을 잘하려면 맨 먼저

구구단을 잘 외워야겠지요?

　구구단을 배울 때 표만 보고 무작정 외우는 것보다 좀 더 좋은 방법이 있어요. 1단부터 9단까지 실제로 구체물(바둑돌 따위)을 묶어 세면서 익히면 눈으로 본 것과 구구단을 같이 기억할 수 있어요. 구구단을 입으로 노래하듯 외면 더욱 효과가 있습니다. 한번 해 보세요.

구구단 표

	1	2	3	4	5	6	7	8	9
1	1	2	3	4	5	6	7	8	9
2	2	4	6	8	10	12	14	16	18
3	3	6	9	12	15	18	21	24	27
4	4	8	12	16	20	24	28	32	36
5	5	10	15	20	25	30	35	40	45
6	6	12	18	24	30	36	42	48	54
7	7	14	21	28	35	42	49	56	63
8	8	16	24	32	40	48	56	64	72
9	9	18	27	36	45	54	63	72	81

③ 곱셈의 교환법칙

수학 2-2 2. 곱셈구구

앞에서 우리는 교환법칙이 덧셈 계산을 쉽게 할 수 있게 해 준다는 것을 배웠습니다. 그렇다면 곱셈에도 교환법칙을 쓸 수 있을까요?

꽃밭에 해바라기를 3포기씩 4줄 심었습니다. 해바라기를 모두 몇 포기 심었을까요?

앞에서 봤을 때 : 3포기씩 4번 있으므로 3×4=12포기
옆에서 봤을 때 : 4포기씩 3번 있으므로 4×3=12포기

4×3과 3×4는 결과가 같습니다. 이처럼 곱셈에서 곱하는 차례를 바꾸어 계산해도 결과가 같습니다. 이를 **곱셈의 교환법칙**이라고 합니다.

곱셈의 교환법칙에는 다음과 같은 특징이 있습니다.

첫째, 계산을 간편하게 해 줍니다.
43×57의 답을 알고 있으면 57×43의 계산은 따로 할 필요가 없습니다.
둘째, 외워야 할 구구단 표의 수를 반으로 줄여 줍니다.
셋째, 곱셈의 교환법칙을 결합법칙, 분배법칙과 함께 쓰면 곱셈 계산이 한결 쉬워집니다.

4 곱셈의 결합법칙

수학 3-1 4. 곱셈

곱셈에서도 덧셈처럼 결합법칙이 성립할까요? 직육면체 부피 구하는 문제로 알아봅시다.

가로, 세로, 높이가 각각 3cm, 5cm, 6cm인 직육면체의 부피는 3×5×6으로 구할 수 있습니다. 이 직육면체를 (가), (나) 두 가지 모양으로 세워 놓고 부피를 구해 보겠습니다.

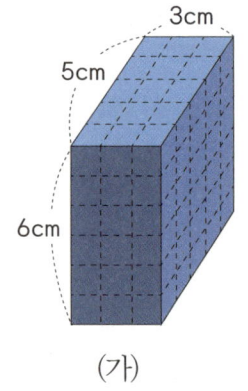
(가)

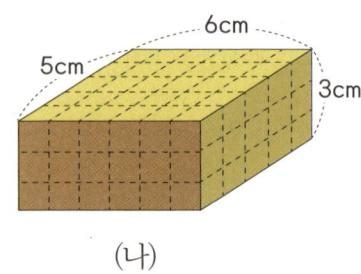
(나)

(가)처럼 세워 놓으면 바닥층에 1cm 높이 직육면체가 (3×5)개 있고 이것이 6층 쌓여 있는 모양입니다.

$$3 \times 5 \times 6 = (3 \times 5) \times 6 = 15 \times 6 = 90 cm^3$$

(나)처럼 세워 놓으면 바닥층에 1cm 높이 직육면체가 (5×6)개 있고 이것이 3층 쌓여 있는 모양입니다.

$$3 \times 5 \times 6 = 3 \times (5 \times 6) = 3 \times 30 = 90 cm^3$$

이렇게 3×5×6에서 (3×5)를 먼저 계산할 수도 있고 (5×6)을 먼저 계산할 수도 있습니다. 계산 순서와 상관없이 답은 같습니다. 이처럼 세 수 이상의 여러 수를 곱할 때, 어느 두 수를 먼저 묶어서 곱하더라도 결과는 같습니다. 이를 **곱셈의 결합법칙**이라고 합니다.

곱셈의 결합법칙에는 다음과 같은 특징이 있습니다.

첫째, 곱셈 계산을 간편하게 해 줍니다.

7×5×4=(7×5)×4=35×4=140보다

7×5×4=7×(5×4)=7×20=140이 더 계산하기 쉽습니다.

둘째, 결합법칙을 교환법칙과 함께 쓰면 계산하기가 더욱 쉬워집니다.

6×9×5=54×5=270으로 구할 수 있으며

6×9×5=9×6×5=9×(6×5)=9×30=270으로 구할
    (교환법칙) (결합법칙)

수도 있습니다.

5 곱셈의 분배법칙

수학 3-1 4. 곱셈

곱셈은 교환법칙, 결합법칙도 쓸 수 있지만 또 다른 법칙인 '분배법칙'을 쓸 수 있기도 합니다.

범준이 생일날 어머니가 떡 5상자를 주문했습니다. 떡 상자 1개에 파란 떡 3개와 노란 떡 4개가 들어 있습니다. 상자 5개에 떡은 모두 몇 개가 들어 있을까요? 두 가지 방법으로 구해 봅시다.

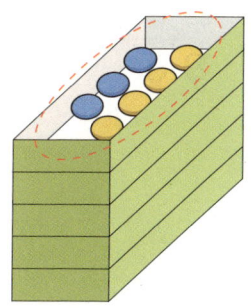

① 한 상자에 떡이 7개 들어 있는데, 모두 5상자가 있다.

●●● + ●●●● ×5

(3+4)×5=7×5=35개

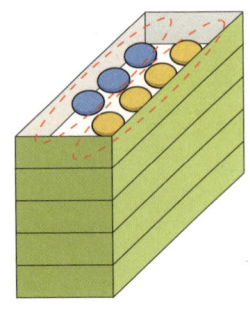

② 파란 떡 3개가 5상자 있고, 노란 떡 4개가 5상자 있다.

◯◯◯ ×5상자 + ◯◯◯◯ ×5상자

$$(3+4) \times 5 = (3 \times 5) + (4 \times 5)$$
$$= 15 + 20 = 35$$

한 상자에 있는 떡 개수대로 모두 더한 다음 5배 할 수도 있지만, 파란 떡, 노란 떡 개수마다 5배 한 뒤 나중에 더하는 방법도 있습니다. 계산 방법은 다르지만, 결과는 같습니다.

이처럼 덧셈식에 어떤 수를 곱할 때, 두 수를 더한 뒤에 곱해도 되고, 수마다 따로 곱한 뒤 두 곱을 더해도 결과는 같습니다. 이를 **덧셈에 대한 곱셈의 분배법칙**이라고 합니다.

언뜻 보면 곱셈의 분배법칙이 더 복잡해 보이기도 합니다. 하지만 분배법칙은 십의 자리가 넘는 수를 곱할 때 곱셈의 중요한 본보기입니다.

6 눈으로 보는 세로셈

수학 3-1 4. 곱셈

곱셈은 가로셈을 할 수도 있고 세로셈을 할 수도 있습니다. 보통 세로셈을 많이 씁니다. 왜냐하면 계산이 편리하고 한눈에 풀이 과정을 살펴볼 수 있기 때문입니다. **(24×7)**을 가로셈과 넓이 모형으로 알아보고 세로셈으로 만들어 보겠습니다.

길이가 24m, 폭이 7m인 도로가 있습니다. 이 도로의 넓이는 몇 m^2일까요?

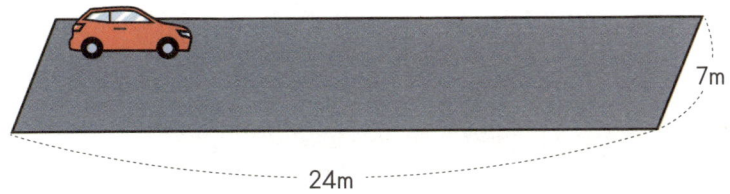

119

가로셈

24m는 20m와 4m가 모인 수입니다. 24의 7배는 20의 7배와 4의 7배를 더한 것과 같습니다. 앞에서 살펴본 분배법칙이지요.

$$24 \times 7 = (20+4) \times 7 = (20 \times 7) + (4 \times 7) = 140 + 28 = 168$$

넓이 모형

이를 직사각형으로 그려 보면 눈으로 확인할 수 있습니다. 전체 사각형 넓이는 작은 사각형 ①과 ②를 더한 것과 같습니다.

$$24 \times 7 = ① + ② = (20 \times 7) + (4 \times 7) = 140 + 28 = 168$$

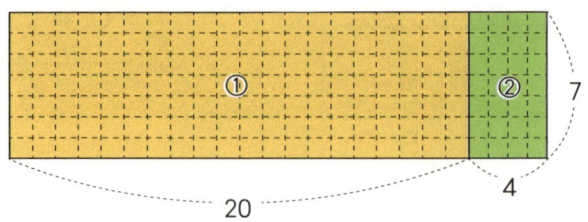

세로셈

앞에 곱셈식을 세로셈으로 만들어 봅시다. 분배법칙을 세로로 쓴 것입니다.

```
      2 4
  ×     7
  ─────────
      2 8  → (4×7)    ②
    1 4 0  → (20×7)   ①
  ─────────
    1 6 8
```

넓이 모형을 그려 보면 십의 자리가 넘는 수를 곱할 때 곱셈 원리를 눈으로 볼 수 있습니다.

이번에는 (43×26)을 가로셈과 넓이 모형으로 알아보고, 세로셈으로 만들어 봅시다. (43×26) 곱셈식에는 다음과 같은 뜻이 있습니다.

40이 20번, 3이 20번, 40이 6번, 3이 6번 들어 있다.

분배법칙을 써서 가로셈으로 계산하면 아래와 같습니다.

$43 \times 26 = (40+3) \times 26$
$= (40 \times 26) + (3 \times 26) = \{40 \times (20+6)\} + \{3 \times (20+6)\}$
$= (40 \times 20) + (40 \times 6) + (3 \times 20) + (3 \times 6)$
$= 800 + 240 + 60 + 18$
$= 1118$

이번에는 넓이 모형으로 계산해 볼까요?

(43×26)은 가로가 43 세로가 26인 직사각형 넓이를 구하는 문제와 같습니다.

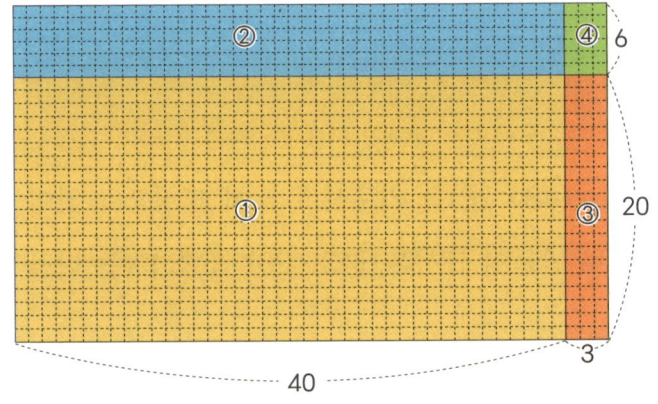

$43 \times 26 = ① + ② + ③ + ④$
$= (40 \times 20) + (40 \times 6) + (3 \times 20) + (3 \times 6)$
$= 800 + 240 + 60 + 18$
$= 1118$

세로셈으로 정리하면 다음과 같습니다.

```
      4 3
　× 2 6
─────────
      1 8   → (3×6)     ④
　2 4 0   → (40×6)    ②
　　6 0   → (3×20)    ③
　8 0 0   → (40×20)   ①
─────────
　1 1 1 8
```

⑦ 간편한 세로셈

수학 3-2 1. 곱셈

683×4를 세로셈으로 계산해 봅시다.

```
        6 8 3
    ×       4
    ─────────
        1 2   → (3×4)
      3 2 0   → (80×4)
    2 4 0 0   → (600×4)
    ─────────
    2 7 3 2
```

0의 생략

아라비아숫자는 위치기수법을 사용합니다. 따라서 320과 2400에서 0이 없어도 수가 있는 자리에 따라 그 값이 결정됩니다. 그래서 0을 쓰지 않아도 괜찮습니다.

```
    6 8 3
  ×     4
  ─────────
      1 2   → (3×4)
    3 2 0   → (80×4)
  2 4 0 0   → (600×4)
  ─────────
  2 7 3 2
```

곱셈할 때 두 수를 곱해서 10이 넘으면 받아 올림을 해야 합니다. 이때 받아 올림을 표시하면 편리합니다.

```
    6 8 3
  ×     4
  ─────────
      1 2   → (3×4)
    3 2     → (80×4)
  2 4       → (600×4)
  ─────────
  2 7 3 2
```

받아 올림을 세로셈 위쪽에 표시하면 더욱 간편합니다.

```
    3 1
    6 8 3
  ×     4
  ─────────
  2 7 3 2
```

⑧ 곱셈의 계산 차례

수학 3-1 4. 곱셈

나눗셈을 할 때는 앞에 있는 백의 자리나 십의 자리부터 나눕니다. 그런데 곱셈을 할 때는 반대로 뒤에 있는 일의 자리부터 계산합니다. 곱셈에서는 왜 일의 자리부터 계산할까요? 백의 자리나 십의 자리부터 계산하면 어떻게 될까요?

두 계산을 비교해 봅시다.

십의 자리부터 계산하기

```
      6 7
  ×     4
  ─────────
  2 4 0   ……(60×4=240)…첫째 : 십의 자리를 곱한다.
    2 8   ……(7×4=28)…둘째 : 일의 자리를 곱한다.
  ─────────
  2 6 8   ……(268)…셋째 : 240과 28을 더한다.
```

십의 자리부터 계산하면 일의 자리에서 곱해서 올라오는 '받아 올림'이 얼마인지 아직은 알 수 없습니다. 따라서 일의 자리까지 계산하고 나서 받아 올린 수(2)를 십의 자리에서 곱한 수와 더해야 합니다.

일의 자리부터 계산하기

$$\begin{array}{r} {\scriptstyle 2} \\ 6\,7 \\ \times4 \\ \hline 2\,6\,8 \end{array}$$

　첫째, 일의 자리를 곱한 뒤(7×4=28) 받아 올림한 2를 십의 자리인 6 위에 표시합니다.
　둘째, 십의 자리를 곱한 수(6×4=24)에 올라온 2를 더하면 26이 됩니다.

　두 계산 방법 모두 결과는 같습니다. 하지만 일의 자리부터 계산하는 것이 편리합니다. 특히 곱해야 하는 수가 백의 자리, 천의 자리처럼 커지면 더욱 편리합니다. 그래서 곱셈은 일의 자리부터 계산합니다.

9) 기하급수

수학 4-1 3. 곱셈과 나눗셈

수학 시간입니다. 선생님께서 물었어요.

"여러분, 신문을 몇 번 접으면 에펠탑 높이가 될까요?"

아이들은 선생님이 던진 물음에 저마다 생각합니다.

'신문을 접어 에펠탑 높이에 맞추라고?'

'이게 말이나 되는 소릴까?'

'얼마나 많이 접어야지 에펠탑에 닿을까?'

한 아이가 대답했어요.

"신문을 계속해서 접을 수만 있다면 언젠가는 에펠탑 높이에 다다를 수 있겠죠?"

"신문을 얼마나 접어야 할지 한번 계산해 볼까요?"

신문의 두께를 0.1mm라고 어림잡아 봅시다.

- 한 번 접으면 신문 두께가 2배(2^1)로 늘어납니다.
- 두 번 접으면 신문 두께가 4배(2^2)로 늘어납니다.
- 세 번 접으면 8배(2^3) - 0.8mm
- 열 번 접으면 1024배(2^{10}) - 102.4mm(10.24cm)
- 스무 번 접으면 1048576배(2^{20}) - 104857.6mm(약 104m)
- 스물두 번 접으면 4194304배(2^{22}) - 419430.4mm(약 419m)
- 서른 번 접으면 1073741824배(2^{30}) - 107374182.4mm(약 107km)
- 마흔 번 접으면 1099511627776배(2^{40}) - 109951162777.6mm

신문을 마흔 번 접으면 두께가 약 109,951km가 됩니다.

에펠탑 높이는 약 324m입니다. 따라서 신문을 22번 접으면 에펠탑 높이를 훌쩍 뛰어넘습니다. 신문을 30번 접으면 서울에서 천안까지 거리와 비슷해지며, 40번을 접으면 지구를 두 바퀴 반 돌 수 있는 높이가 되지요.

접을 수만 있으면 종이를 22번 접는 것은 그리 어렵거나 시간이 오래 걸리지도 않습니다. 신문을 22번만 접으면 에펠탑 높이와 비슷해진다니 정말 놀랍지 않나요?

이처럼 어떤 수가 번번이 2배씩 늘면 순식간에 엄청나게

많은 수로 불어나게 되는데 이런 현상을 '기하급수로 늘어난다'고 합니다.

'기하급수'는 왜 알아야 할까요?

바이러스에 감염된 한 사람이 있다고 생각해 봅시다. 그림을 보며 이해해 보세요. 이 사람이 다른 한 사람을 만나 밥을 먹고, 그 사람에게 바이러스를 감염시켰습니다. 그렇다면 바이러스에 감염된 사람은 두 사람이 되었지요. 이 두 사람이 또 다른 사람을 만나 바이러스를 전파합니다. 그러다 보면 바이러스에 감염된 사람 수는 기하급수로 늘어나게 되는 겁니다.

기하급수는 의학, 생물, 핵물리처럼 과학이나, 식량, 인구,

환경오염 같은 여러 가지 사회현상이나 문제를 다루는 데 쓰입니다.

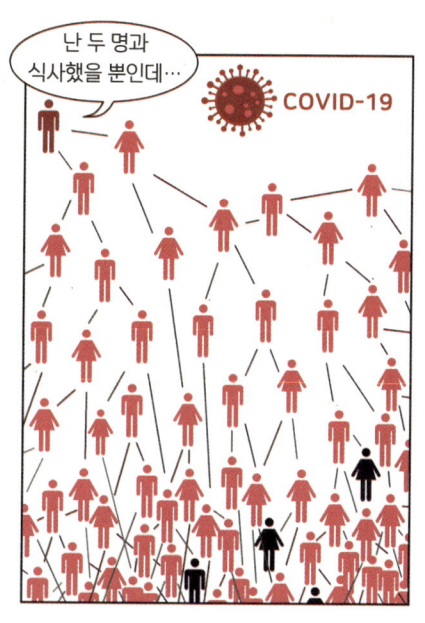

10 곱셈과 0

수학 2-2 2. 곱셈구구

어떤 수에 0을 더하거나 빼는 개념은 대체로 쉽게 이해합니다. 하지만 0을 곱하거나 나누는 건 조금 어렵습니다. 곱셈 공부를 할 때 곱하기 0과 곱하기 1의 개념을 헷갈려하는 경우가 종종 있어요.

어떤 수에 0을 곱하면 어떻게 될까요?

□ × 0

수민이네 반 아이들은 서울대공원으로 봄맞이 현장학습을 갔습니다. 아이들이 과녁 맞추기 시합을 하고 1등부터 3등까지만 상으로 사탕을 받았습니다. 1등은 사탕 3봉지, 2등은 2봉지, 3등은 1봉지를 받았습니다. 봉지 하나에는 사탕 4개가 들어 있었어요. 4등 한 소울이가 받은 사탕은 몇 개일까요?

1등(수민) : 사탕 3봉지   4×3=12개

2등(서현) : 사탕 2봉지   4×2=8개

3등(범준) : 사탕 1봉지   4×1=4개

4등(소울) : 사탕 0봉지   4×0=0개

  범준이처럼 사탕 1봉지를 받았다면 사탕은 4개가 되겠죠? 4등을 한 소울이는 사탕 봉지를 받지 못했습니다. 봉지에 아무리 사탕이 많이 들어 있으면 무엇 하나요? 소울이는 한 봉지도 받지 못했으므로, 소울이가 받은 사탕 개수는 0입니다.

  이것을 식으로 나타내면 다음과 같습니다.

$$4 \times 0 = 0$$

0 × □

민기는 6학년이 되었습니다. 3월 새 학기가 시작하자마자, 민기네 반 선생님이 이렇게 말했어요.

"여러분! 저금 통장을 하나씩 나누어 줄 테니 1년 동안 열심히 저축해 보세요."

민기네 모둠 7명은 빈 저금 통장을 한 명이 하나씩 받았습니다. 빈 저금 통장을 처음 받았을 때 민기네 모둠 7명의 저금액은 모두 얼마일까요?

빈 저금 수첩 1개 : 0×1=0

빈 저금 수첩 2개 : 0×2=0

빈 저금 수첩 3개 : 0×3=0

빈 저금 수첩 4개 : 0×4=0

빈 저금 수첩 5개 : 0×5=0

빈 저금 수첩 6개 : 0×6=0

빈 저금 수첩 7개 : 0×7=0

통장이 아무리 많아도 모두 빈 통장이므로 저금액은 0원입니다.

이것을 식으로 나타내면 다음과 같습니다.

$$0×7=0원$$

이처럼 어떤 수에 0을 곱하거나 0에 어떤 수를 곱하면 0이 되는 것을 알 수 있어요.

4장
나눗셈

나눗셈은 앞에서부터 계산한다는 걸 아나요?
이것이 나눗셈의 비밀입니다.
나눗셈의 원리를 알면 계산이 쉬워집니다.

1 나눗셈의 탄생

수학 3-2 2. 나눗셈

민기 아빠는 오늘 농장에서 감 32개를 땄습니다. 감을 4개씩 봉지에 담아서 시장에 내다 팔려고 합니다. 모두 감 몇 봉

지를 팔 수 있을까요?

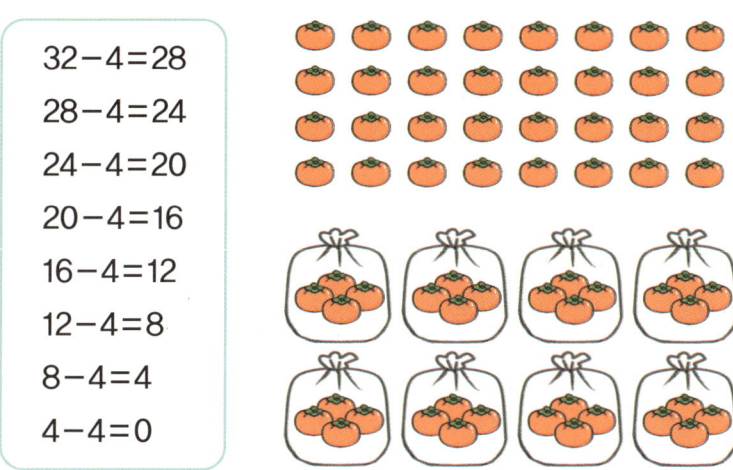

32-4=28
28-4=24
24-4=20
20-4=16
16-4=12
12-4=8
8-4=4
4-4=0

  감을 4개씩 8번 덜어 내어 봉지에 담았습니다. 민기 아빠가 시장에 내다 팔 수 있는 감은 8봉지입니다.

  하지만 이렇게 계산하니 풀이가 번거롭고 길어집니다. 좀 더 간편한 계산법은 없을까요?

  32에서 4씩 계속해서 빼서 남는 게 없도록 만드는 것은 감 32개를 4개씩 나누는 것과 같습니다. 이를 나눗셈으로 나타내면 (32÷4)입니다.

$$32 \div 4 = 8$$

　나눗셈을 하니 단숨에 해결되었습니다. 감을 4개씩 8봉지에 담을 수 있지요.

　같은 수를 여러 번 계속해서 빼는 것보다 나눗셈으로 바꾸면 쉽게 문제를 풀 수 있습니다. 곱셈이 같은 수를 계속해서 더하는 수고를 덜어 준다면 나눗셈은 계속해서 같은 수를 빼는 수고를 덜어 줍니다.

② 묶음과 낱개

수학 3-2 2. 나눗셈

물건 양이 적을 때는 속셈으로도 손쉽게 나눌 수 있습니다. 하지만 물건 양이 많으면 나누는 데 시간과 노력이 많이 듭니다.

양이 많은 물건을 나눌 때에는 낱개로 하나하나 나누는 것이 좋을까요, 묶음으로 나누는 것이 좋을까요?

미술 시간입니다. 선생님께서는 수수깡을 모둠마다 36개 (10개씩 3묶음, 낱개 6개)씩 나누어 주셨습니다. 우리 모둠은 3명입니다.

한 사람이 몇 개씩 나누어 가질 수 있을까요? 이때 수수깡을 낱개로 나누는 것이 편리할까요? 아니면 묶음으로 나누는 것이 편리할까요?

낱개로 나누기

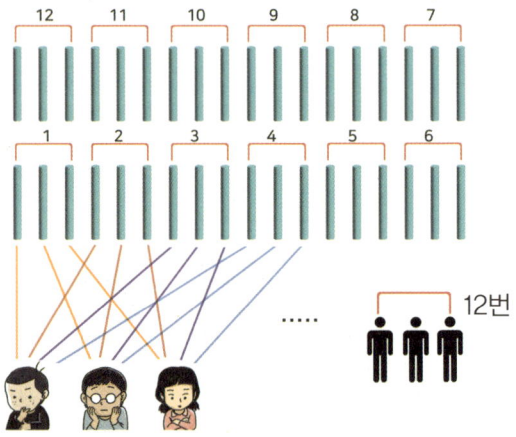

낱개로 나누면 모두 12번을 나누어야 합니다. 그리고 한 사람마다 12개씩 가질 수 있습니다.

묶음으로 나누기

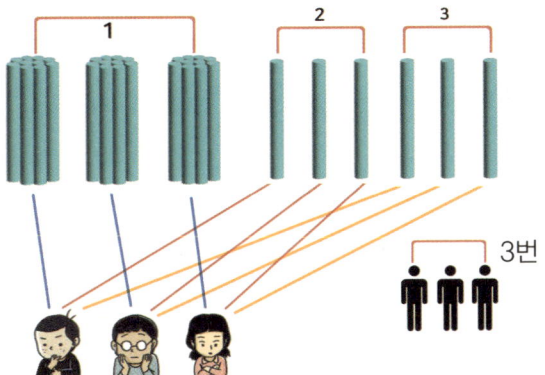

묶음으로 나누어도 한 사람 몫은 낱개로 나눌 때하고 똑같이 12개입니다. 하지만 세 번만 나누면 됩니다.

이번에는 같은 방법으로 돈을 나누어 봅시다. 84원을 4명이 똑같이 나누어 가지려고 합니다.

84원이 모두 1원짜리일 때와 10원짜리와 1원짜리로 이루어졌을 때를 견주어 보겠습니다.

1원짜리일 때

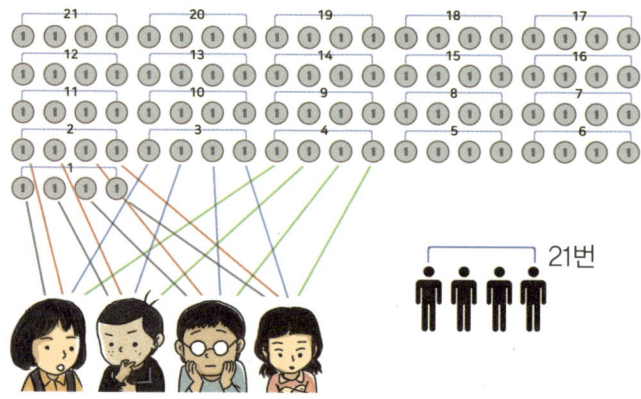

1원짜리를 하나씩 차례로 나누면 모두 21번을 나누어야 하고, 한 사람 몫은 21원이 됩니다.

10원짜리와 1원짜리일 때

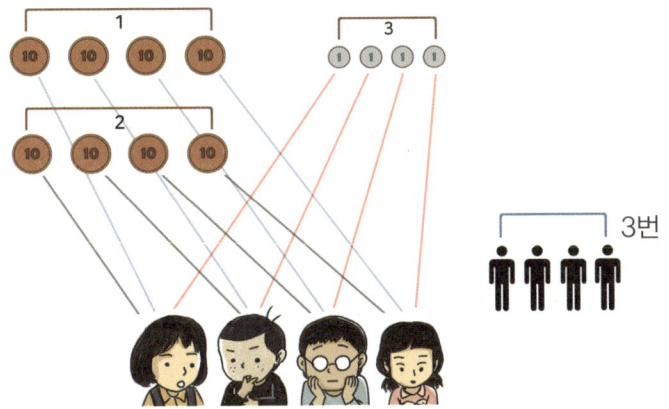

　10원짜리가 8개 1원짜리가 4개 있으면 3번 만에 나눌 수 있습니다. 한 사람 몫은 당연히 21원입니다.

　이처럼 많은 수량을 나눌 때에는 묶음으로 나누는 것이 낱개로 나누는 것보다 훨씬 더 간편합니다. 10묶음뿐만 아니라 100묶음 넘게 있을 때도 마찬가지입니다.

3 큰 묶음과 작은 묶음

수학 3-2 2. 나눗셈

수수깡 474개를 세 반에서 나누어 가려고 세 반 대표가 자료실에 모였습니다. 수수깡은 100개짜리 묶음 4개, 10개짜리 묶음 7개가 있고 낱개로 4개가 있습니다. 어떻게 나누는 것이 편리할까요?

작은 묶음부터 나누기

가장 작은 낱개부터 시작해서 차례로 나누어 보겠습니다.

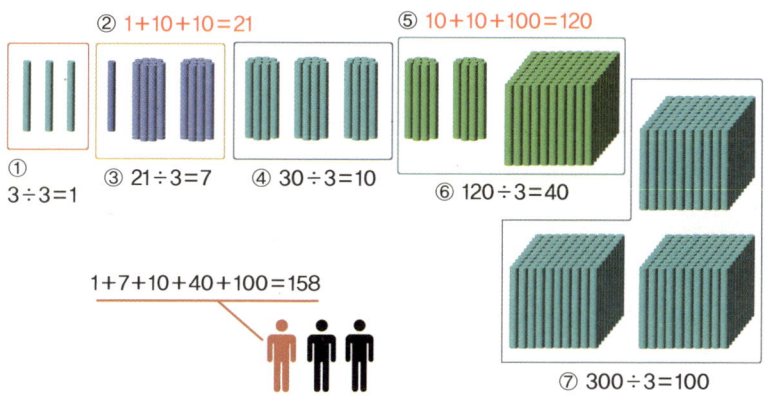

① 낱개 4개에서 3개를 덜어 하나씩 나눕니다. (1개)

② 낱개가 1개 남았네요. 10개짜리 묶음 1개와 더한 다음 3으로 나누어 볼까요? 나누어지지 않지요? 그런데 10개 묶음 2개와 더하면 나누어집니다.

③ 10개 묶음 2개를 헐어서 낱개 1개와 더한 다음 3으로 나누면 7개씩 돌아갑니다. (7개)

④ 남은 10개 묶음 5개 가운데 먼저 3묶음을 셋이서 나누면 1묶음씩 돌아갑니다. (10개)

⑤ 100개 묶음 하나를 헐어 남아 있던 10개 묶음 2개와 더

하면 120개가 됩니다.

⑥ 120개를 셋이 나누면 40개씩 가질 수 있습니다.(40개)

⑦ 100개 묶음이 3개 남는데 셋이 나누면 1묶음씩 돌아갑니다.(100개)

따라서 한 사람 몫은 158개입니다.

큰 묶음부터 나누기

가장 큰 100개짜리 묶음부터 아래로 내려가며 차례로 나누면 다음과 같습니다.

① 100개 묶음 3개를 한 묶음씩 나눕니다.(100개)

② 남은 100개 묶음 1개를 헐어 10개짜리 묶음 7개랑 더하면 10개 묶음이 모두 17개가 됩니다. 이 가운데 먼저 10개짜리 묶음 15개를 셋이 나누면 5개씩 나눠 가질 수 있습니다.(50개)

③ 남은 10개 묶음 2개를 헐어 낱개 4개와 더하면 모두 24개가 됩니다. 이를 셋이 나누면 8개씩 가질 수 있습니다.(8개)

따라서 한 사람 몫은 158개입니다.

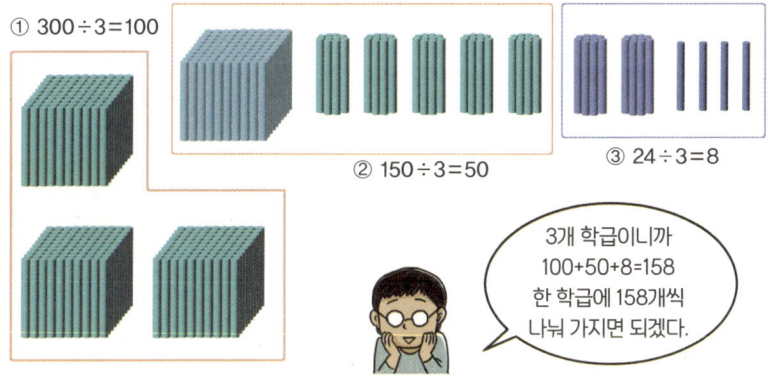

두 가지 방법 가운데 어느 방법이 간편한가요?

작은 묶음부터 나누면, 나눈 뒤에 남는 수를 처리하기가 매우 번거롭습니다. 하지만 큰 묶음부터 나누면, 나누고 나서 남은 묶음을 아래 작은 묶음과 더해서 한꺼번에 나눌 수 있어 편리합니다.

4 나눗셈의 계산 차례

수학 3-2 2. 나눗셈

수학 시간입니다.

"936원을 4명이 똑같이 나누어 가지려고 합니다. 한 사람마다 얼마씩 나누어 가질 수 있을까요? 분단마다 100원짜리 9개, 10원짜리 3개, 1원짜리 6개를 나누어 주겠습니다. 나누다가 잔돈이 필요해지면 바꾸어 줄게요."

어느 분단이 더 빨리 계산했을까요?

작은 수부터 나누기

서현이네 분단은 작은 돈부터 나누기로 하였습니다.

① 1원짜리 6개 중 4개를 넷이서 나누니, 1원씩 몫이 돌아가고 2개가 남았습니다. (1원)

② 10원짜리 1개를 1원짜리로 바꿔서 남은 2원이랑 더하니 1원짜리가 12개 되었습니다. 1원 12개를 넷이서 3원씩 나누어 가졌습니다. (3원)

③ 남은 10원짜리 2개는 넷이 나눌 수 없었습니다. 그래서 1원짜리 20개로 바꾼 뒤 네 명이 5원씩 나누어 가졌습니다. (5원)

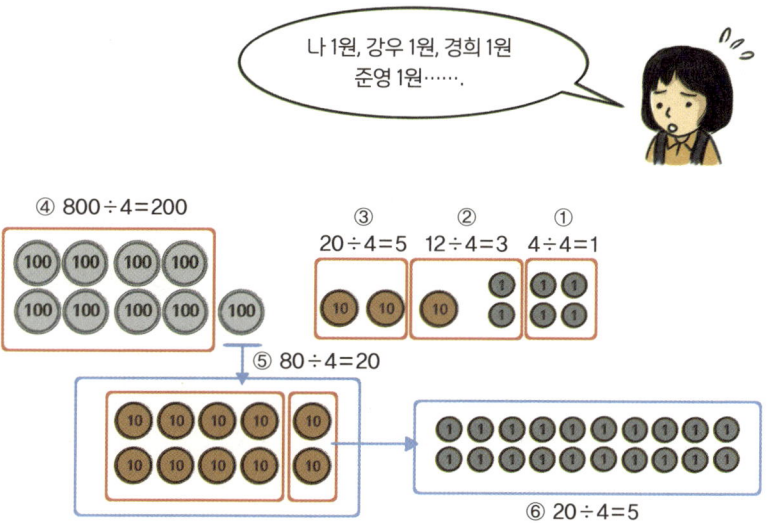

④ 100원짜리 8개를 넷이서 2개씩 나누어 가졌습니다. (200원)

⑤ 마지막에 남은 100원짜리 1개를 10원짜리 10개로 바꿨습니다. 4명이 10원짜리 2개씩 나누어 가졌더니 (20원), 아직도 10원짜리가 2개 더 남았습니다.

⑥ 10원짜리 2개를 1원짜리로 바꿔, 4명이 나누어 (5원)씩 가졌습니다.

한 사람 몫은 1+3+5+200+20+5=234원이 되었습니다.

큰 수부터 나누기

소울이네 분단은 큰돈부터 나누기로 하였습니다.

① 먼저 100원짜리 8개를 4명이 2개씩 나누어 가졌습니다. (200원)

남은 100원짜리 1개를 10원짜리로 바꾸니 10원짜리가 모두 13개가 되었습니다.

② 10원짜리 12개를 4명이 3개씩 나누었습니다. (30원)

이제 10원짜리 1개와 6원이 남았습니다.

③ 10원짜리 1개를 1원짜리로 바꾸었습니다. 1원짜리가 모두 16개가 되어 4개씩 나누어 가질 수 있었습니다. (4원)

한 사람 몫은 200＋30＋4＝234가 되었습니다.

어느 분단이 더 빨리 계산했을까요? 소울이네 분단이겠지요?

돈을 나눌 때는 작은 돈부터 나누나 큰돈부터 나누나 결과는 같습니다. 하지만 큰돈부터 나누면, 나누고 남는 돈을 작은 돈이랑 더한 뒤 한꺼번에 나누니까 더 편리합니다.

곱셈은 일의 자리부터 계산하지만 나눗셈은 윗자리부터 계산합니다. 큰 수부터 나누면, 나누고 남는 수를 작은 단위 수와 더할 수 있어서 나누는 과정이 단순해지기 때문입니다.

⑤ 나눗셈 펼치기

수학 3-2 2. 나눗셈

　소울이네 분단이 돈을 나누어 가진 방법을 좀 더 자세히 펼쳐 보겠습니다.
　936원을 4명이 똑같이 나누어 갖는 문제입니다. 먼저 돈을 나누기 편리하도록 100원짜리 1개를 10원짜리로 바꾸고 10원짜리 1개를 1원짜리로 바꾸면 다음과 같습니다.

100원짜리 1개를 10원짜리 10개로 바꿉니다.
10원짜리 1개를 1원짜리로 10개로 바꿉니다.

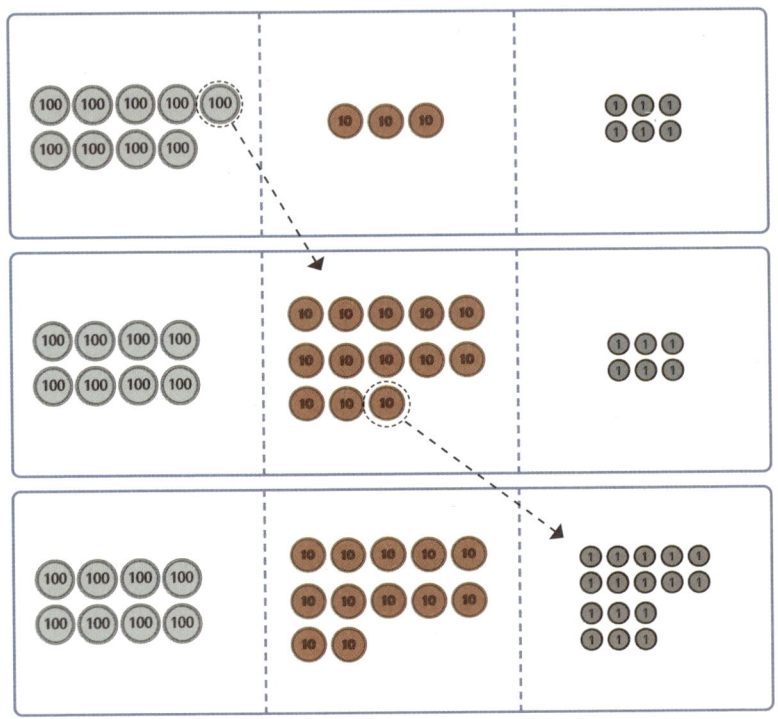

이 돈을 4명이 똑같이 나누면 한 사람이 100원짜리 2개, 10원짜리 3개, 1원짜리 4개씩 가져갈 수 있습니다. 한 사람 몫은 234원이 되지요.

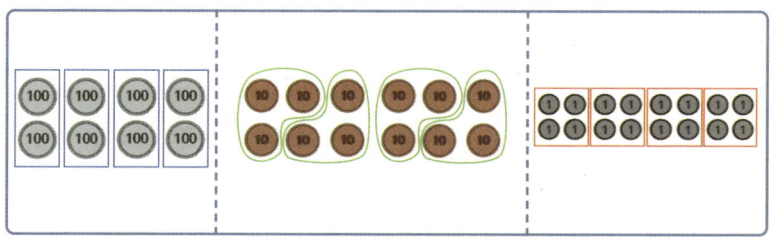

이 과정을 숫자로 나타내면 다음과 같습니다.

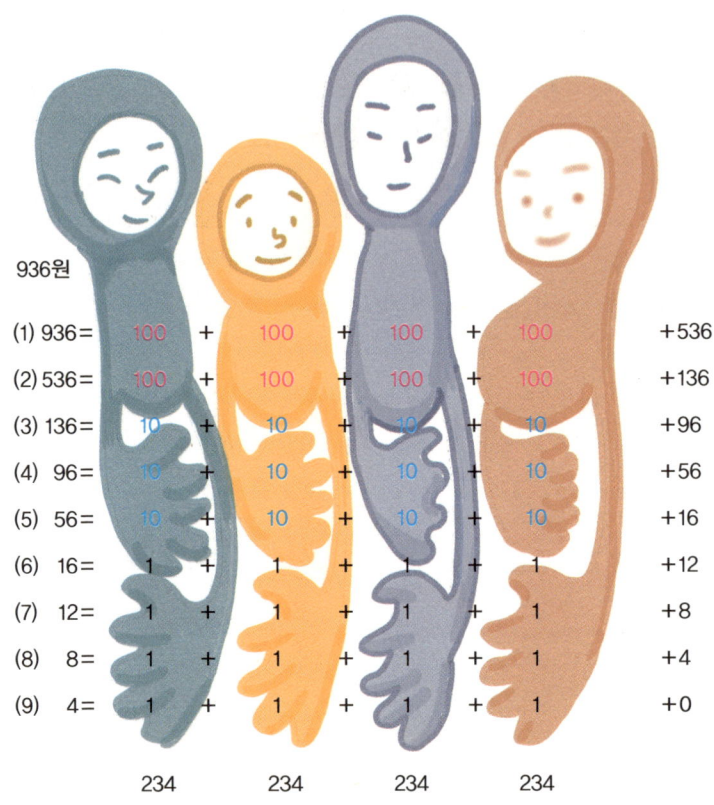

936원								
(1) 936=	100	+	100	+	100	+	100	+536
(2) 536=	100	+	100	+	100	+	100	+136
(3) 136=	10	+	10	+	10	+	10	+96
(4) 96=	10	+	10	+	10	+	10	+56
(5) 56=	10	+	10	+	10	+	10	+16
(6) 16=	1	+	1	+	1	+	1	+12
(7) 12=	1	+	1	+	1	+	1	+8
(8) 8=	1	+	1	+	1	+	1	+4
(9) 4=	1	+	1	+	1	+	1	+0
	234		234		234		234	

나눗셈을 펼쳐 보았습니다. 이렇게 하면 시간이 걸리지만 나눗셈의 구조를 이해하는 데 도움이 됩니다.

⑥ 세로셈으로 나누기

수학 3-2 2. 나눗셈

936원을 4명이 똑같이 나누어 가지려면 한 사람이 100원 짜리 2개, 10원 짜리 3개, 1원 짜리 4개씩 가져야 한다는 걸 살펴보았습니다. 앞에서 나온 이 계산을 세로셈으로 펼치면 다음과 같습니다.

$$
\begin{array}{r}
1 \\
1 \\
1 \\
1 \\
1\,0 \\
1\,0 \\
1\,0 \\
1\,0\,0 \\
1\,0\,0 \\
\hline
4\,)\,9\,3\,6 \\
4\,0\,0 \\
\hline
5\,3\,6 \\
4\,0\,0 \\
\hline
1\,3\,6 \\
4\,0 \\
\hline
9\,6 \\
4\,0 \\
\hline
5\,6 \\
4\,0 \\
\hline
1\,6 \\
4 \\
\hline
1\,2 \\
4 \\
\hline
8 \\
4 \\
\hline
4 \\
4 \\
\hline
0
\end{array}
$$

몫 234원

→ 4명이 100원씩 나눈다.
→ 4명이 100원씩 나눈다.
→ 4명이 10원씩 나눈다.
→ 4명이 10원씩 나눈다.
→ 4명이 10원씩 나눈다.
→ 4명이 1원씩 나눈다.
→ 4명이 1원씩 나눈다.
→ 4명이 1원씩 나눈다.
→ 4명이 1원씩 나눈다.

7 나눗셈 접기

수학 3-2 2. 나눗셈

936÷4의 세로셈을 간단하게 표현하면 아래와 같습니다.

같은 자리 몫을 모아서 계산하기

```
         4
        3 0
      2 0 0
   ┌─────────
 4 ) 9 3 6
     8 0 0     → 4명이 200원씩 나눈다.
     ─────
     1 3 6
     1 2 0     → 4명이 30원씩 나눈다.
     ─────
       1 6
       1 6     → 4명이 4원씩 나눈다.
       ───
         0
```

몫 한꺼번에 표시하기

```
       200              230              234
    ┌─────           ┌─────           ┌─────
  4 ) 9 3 6        4 ) 9 3 6        4 ) 9 3 6
      8 0 0            8 0 0            8 0 0
      ─────            ─────            ─────
      1 3 6            1 3 6            1 3 6
                       1 2 0            1 2 0
                       ─────            ─────
                         1 6              1 6
                                          1 6
                                          ───
                                           0
```

0 생략과 세로셈 완성

```
       2 3 4
    ┌─────
  4 ) 9 3 6
      8              → 800의 00을 생략할 수 있다.
      ─
      1
      1 2            → 120의 0을 생략할 수 있다.
      ───
        1 6
        1 6
        ───
          0
```

아라비아숫자는 0을 생략해도 수 값을 표현하는 데는 아무 문제가 없습니다.

8 큰 수 나눗셈

수학 4-1 3. 곱셈과 나눗셈

(네 자리 수)÷(두 자리 수)를 통해 세로셈을 조금 더 익혀 봅시다.

민기네 반에서 현장학습을 다녀온 뒤, 학급비가 5,216원 남았습니다. 이 돈을 민기네 반 16명에게 똑같이 나누어 주려고 합니다. 한 사람 몫은 얼마일까요?

큰돈부터 차례로 나누어 봅시다.

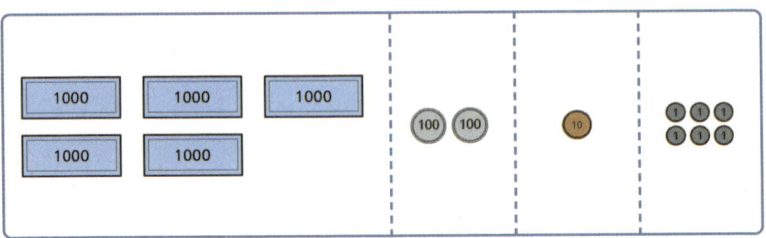

1000원짜리는 5장뿐이므로 16명이 1장씩 가져갈 수는 없습니다.

$$16 \overline{)5216}^{\,?}$$

그래서 어쩔 수 없이 1000원짜리를 100원짜리로 바꿔야 합니다.

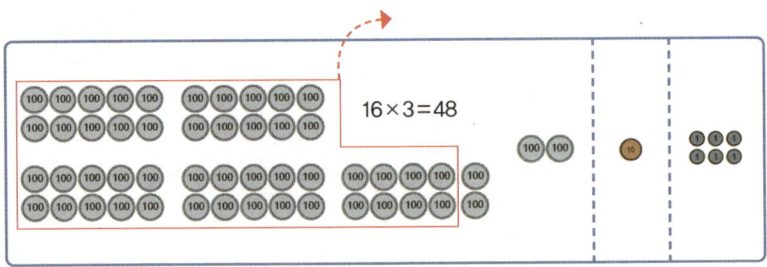

100원짜리가 모두 52개가 되었습니다. 그 가운데 48개를 16명에게 3개씩 나누어 줄 수 있습니다.

```
        3
16 ) 5 2 1 6
     4 8
     ─────
       4
```

남은 100원짜리 4개는 16명이 나누기에는 수가 모자랍니다. 그래서 10원짜리로 바꾸면 10원짜리는 모두 41개가 됩니다.

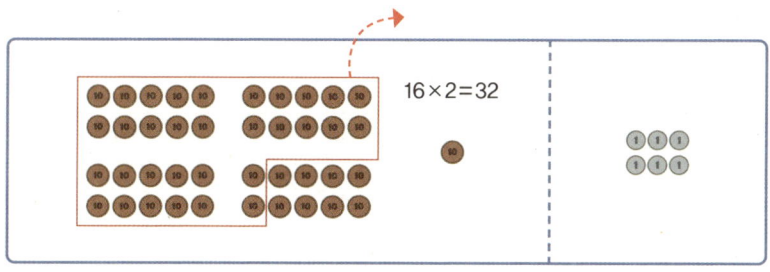

10원짜리 41개 가운데 32개를 16명에게 2개씩 나누어 줄 수 있습니다.

```
        3 2
    ┌───────
16 )  5 2 1 6
      4 8
      ─────
        4 1
        3 2
      ─────
            9
```

남은 10원짜리 9개를 1원짜리로 바꾸면 1원짜리는 모두 96개가 됩니다.

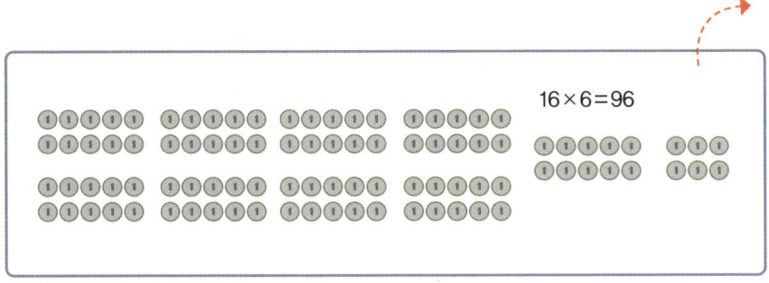

1원짜리 96개는 16명에게 6개씩 나누어 줄 수 있습니다.

```
        3 2 6
16 ) 5 2 1 6
     4 8
       4 1
       3 2
         9 6
         9 6
           0
```

따라서 한 사람 몫은 326원입니다.

9) 나눗셈 잘하는 법

수학 4-1 3. 곱셈과 나눗셈

앞에서 우리는 나눗셈을 자세히 분석해 보았습니다. 나눗셈을 잘하려면 나눗셈 구조나 그 속에 담긴 계산 원리를 잘 이해해야 합니다. 나눗셈은 '큰 묶음부터 나누는 것이 편리하다'는 것을 이해해야 합니다.

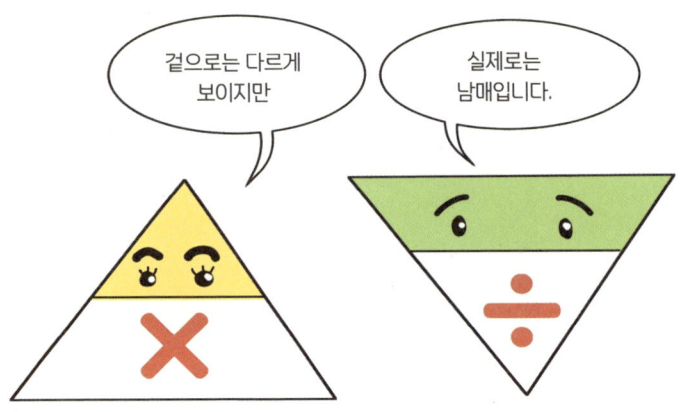

곱셈을 잘하는 사람은 나눗셈을 쉽게 합니다. 나눗셈은 곱셈과 거꾸로이기 때문입니다. 그러니까 곱셈을 하든 나눗셈을 하든 구구단을 잘 외우는 것이 중요합니다.

나눗셈을 잘하려면 몫을 어림할 수 있어야 합니다. 내가 구하는 답이 예측 범위 안에 있어야 확신을 가지고 그다음 계산을 해 나갈 수 있습니다.

936을 4로 나눌 때, 936이 대강 900쯤 되므로 4명이 200씩 나누어 가질 수 있다는 것을 예측해야 합니다. 또한 남은 수가 136이면 더는 100씩은 나누어 가질 수 없다는 것도 생각해야 합니다. 이런 것들은 어림해 낼 수 있어야 여러 가지 계산을 할 수 있습니다.

예측을 잘하려면 평소 숫자로 문제를 해결하는 경험을 많이 쌓아야 합니다. 여러 사람이 숫자 알아맞히기 놀이를 하면 도움이 되겠지요?

10 곱셈과 나눗셈

수학 3-1 3. 나눗셈

사과 상자 안에 사과가 3개씩 4줄 들어 있습니다. 이 그림에 어울리는 곱셈식과 나눗셈식을 만들어 봅시다.

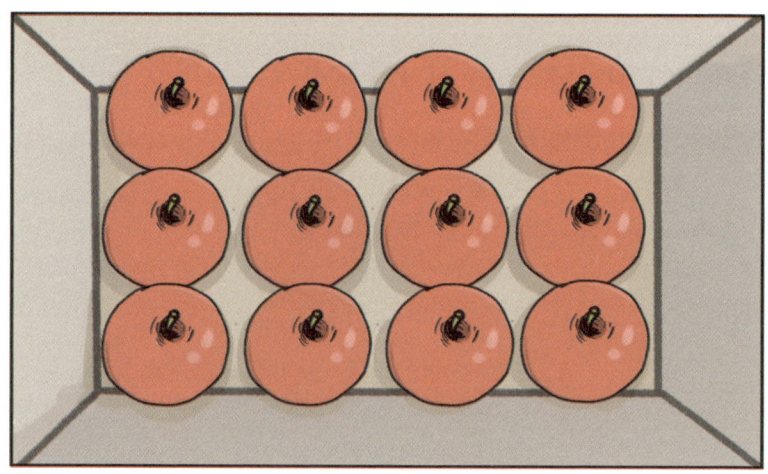

이 그림에 어울리는 곱셈식과 나눗셈식은 아래와 같습니다.

$$4 \times 3 = 12 \quad 3 \times 4 = 12$$
$$12 \div 3 = 4 \quad 12 \div 4 = 3$$

4에 3을 곱하면 12가 됩니다. 거꾸로 12를 3으로 나누면 당연히 4가 되지요.

이처럼 곱셈을 거꾸로 하면 나눗셈이 되고, 나눗셈을 거꾸로 하면 곱셈이 됩니다. 이를 어려운 말로 '곱셈과 나눗셈의 가역성'이라고 하고, '곱셈과 나눗셈은 역연산 관계에 있다'고도 합니다.

곱셈과 나눗셈은 서로 거꾸로 관계이기 때문에, 27×35=945를 알면 945÷35는 계산하지 않아도 27이라는 것을 알 수 있습니다. 또한 나눗셈의 몫을 정확히 구했는지 곱셈을 통해 검산해 볼 수 있습니다.

11 나눗셈과 0

수학 4-1 3. 곱셈과 나눗셈

0이 들어 있는 나눗셈은 초등학생들이 이해하기에 조금 어렵지만 한번 해 봅시다.

0÷4

원시인 4명이 열매를 따려고 산속을 헤맸습니다. 하지만 열매를 한 개도 따지 못했습니다. 한 사람이 열매를 몇 개 가져갈 수 있을까요? 0개를 4명이 나누어 가지므로 0÷4=0입니다. 한 사람 몫은 0입니다.

$$(0 \div \square) = 0$$

3÷0

사과 3개를 0명이 나누어 가졌습니다. 한 사람 몫은 몇 개일까요?

사과 3개를 1명이 나누어 가질 수는 있습니다. 1명이 가져가면 몫은 3개가 됩니다. 하지만 사과 3개를 0명이 나누어 가질 수는 없습니다. 나눗셈은 많든 적든 나누어 갖는 사람이 있어야 합니다. 그런데 여기서는 나누어 갖는 사람이 없으므로, 이런 문제는 있을 수 없습니다.

곱셈으로 알아보기

3÷0=□의 답을 찾을 수 있다면 □×0=3도 답을 찾을 수

있어야 하는데 0을 곱해서 3이 나오는 수는 없습니다. 따라서 3을 0으로 나눌 수 없습니다.

뺄셈으로 알아보기

3÷0 → 3-0-0-0 … ≠0

이처럼 나눗셈은 뺄셈을 단순하게 만든 식입니다. 3에서 어떤 수를 계속 빼면 언젠가는 0이 되어야 합니다. 그런데 3에서 0을 아무리 많이 빼도 0이 되지 않습니다. 따라서 3을 0으로 나눌 수 없습니다.

$$(\square \div 0) \rightarrow (계산\ 불가능)$$

0÷0

곱셈을 나눗셈으로 바꾸어 봅시다.

1×0=0이므로 0÷0=1이 되어야 합니다.
2×0=0이므로 0÷0=2가 되어야 합니다.
3×0=0이므로 0÷0=3이 되어야 합니다.

그런데 0÷0을 할 수 있다면 1=2=3이 되므로, 이는 앞뒤가 맞지 않습니다.

따라서 0÷0은 계산할 수 없습니다. 이런 경우를 어려운 말로 '부정'이라고 합니다.

$$(0 \div 0) \rightarrow (부정)$$

12) 수학 기호

수학 1-1 3. 덧셈과 뺄셈

　우리가 익숙하게 쓰고 있는 사칙연산 기호는 본디부터 있던 것으로 생각하기 쉽습니다. 그러나 숫자가 오랜 세월에 걸쳐 발전한 것처럼 사칙연산 기호도 오랜 세월 동안 변화하면서 지금과 같은 모양을 갖추게 되었습니다.

　+ − × ÷ = 와 같은 사칙연산 기호가 있기 전 사람들은 수학 계산을 말로 풀어 썼다고 해요. 그러다 기호로 식을 나타냈습니다.

$$2+3=5$$

　위 덧셈을 말로 하면 어떨까요?

2에 3을 더하면 5가 된다.

2 더하기 3은 5와 같다.

2보다 3이 큰 수는 5이다.

2보다 3만큼 넘치면 5가 된다.

이처럼 셈을 말로 표현하는 것보다 기호로 나타내면 간단해집니다. 문제를 알아보기 쉽게 쓸 수 있고 무엇을 계산해야 하는지 바로 알 수 있어 답을 빠르게 찾을 수 있습니다.

> 더 알아보기

사칙연산 기호의 탄생

덧셈 기호와 뺄셈 기호

덧셈(+), 뺄셈(−) 기호는 15세기 말 독일 수학자 비트만이 쓴 《산술책》에 처음 나왔습니다. 그러다 이탈리아 수학자 파치올리와 레오나르도 피사노가 이를 발전시켜 오늘에 이르렀습니다.

덧셈 기호(+)는 and를 뜻하는 라틴어 et에서 모양이 점점 바뀌어 지금과 같은 모습이 되었습니다. 뺄셈 기호(−)는 minus를 뜻하는 m에 가로선을 붙여 $\bar{m}$ 이렇게 쓰다가 가로선만 남은 모양이 되었습니다.

곱셈 기호

곱셈 기호(×)는 17세기 초 영국 수학자 윌리엄 오트레드가 《수학의 열쇠》라는 책에서 처음 썼습니다. 이미 덧셈(+) 기호와 뺄셈 기호(-)가 쓰이고 있던 시절, 오트레드는 곱셈만 문장으로 쓰는 것은 매우 번거로운 일이라 생각하고 곱셈 기호(×)를 생각해 냈습니다.

나눗셈 기호

나눗셈 기호(÷)는 17세기 중반 스위스의 수학자 요한 하인리히 란이 처음 썼다고 해요. 란은 분수를 보고 나눗셈 기호(÷)를 떠올렸습니다. 분자를 분모로 나눈다는 뜻이 담긴 분수를 기호로 발전시킨 거지요.

등호

등호(=)는 16세기 중반 영국의 수학자 로버트 레코드가 《지혜의 숫돌》이라는 책에서 처음 썼습니다. 레코드는 '평행선의 폭만큼 같은 것은 없다'는 생각으로 등호를 만들어 냈습니다.

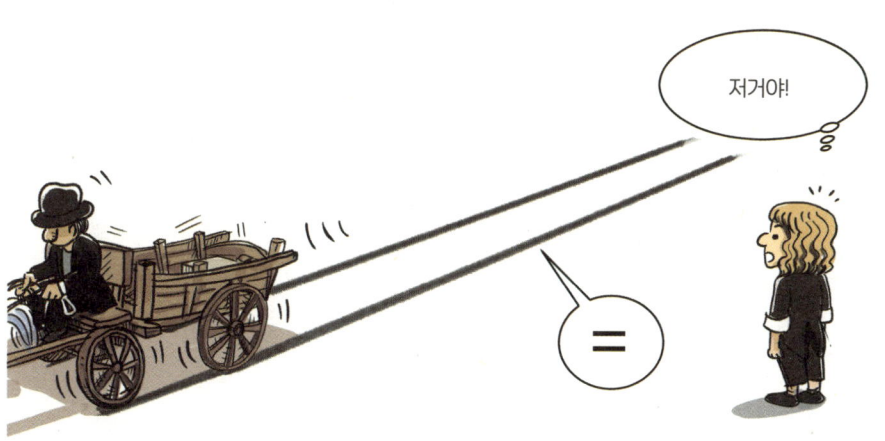

5장
분수

많은 초등학생들이 분수가 나오면 수학을 어려워하기 시작합니다.
분수가 어려운 까닭은 무엇일까요?
단위분수를 알면 분수 계산을 이해할 수 있습니다.

1 분수의 탄생

수학 3-1 6. 분수와 소수

분수는 왜 만들어졌을까요? 처음으로 분수를 만들어 쓴 사람은 누구일까요?

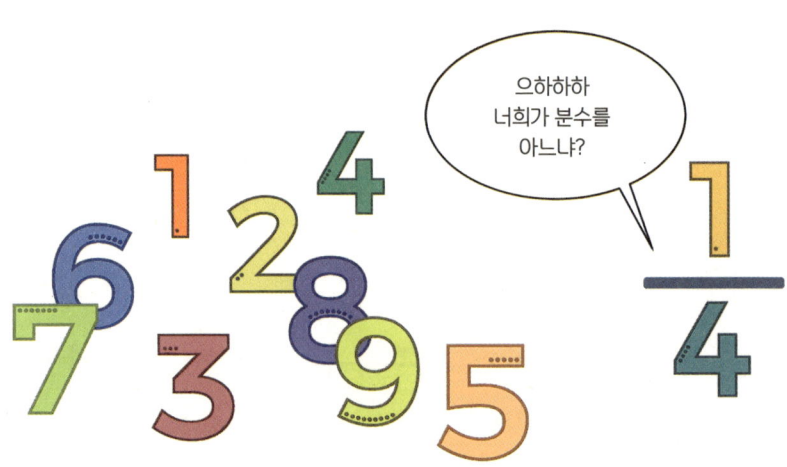

영지는 학교가 끝나고 친구 세 명과 함께 집에 왔습니다. 어머니께서 멜론 한 개를 내놓았습니다.

"영지야! 친구들하고 사이좋게 나누어 먹어라."

멜론은 한 개뿐인데 네 사람이 먹어야 합니다. 어떻게 해야 할까요? 한 사람 몫은 얼마일까요?

수현이는 생일날 친구 네 사람을 초대했습니다. 어머니께서 피자 두 판을 상에 내놓았습니다. 모두 다섯 사람이 피자를 같은 양으로 나누어 먹었습니다. 한 사람이 먹은 피자의 양은 얼마나 될까요?

사과 1개를 3명이 나누어 먹는 경우
멜론 1개를 4명이 나누어 먹는 경우
피자 2판을 5명이 나누어 먹는 경우

이때 한 사람 몫은 얼마나 될까요?

물건을 나누다 보면 물건 개수보다 나누어 가져야 할 사람 수가 더 많을 때가 있습니다. 그러면 한 명이 가질 수 있는 몫은 1개보다 작아집니다. 이처럼 물건을 나누다 보면 1보다 작은 크기로 나누어야 할 때가 있는데 이런 수는 자연수로 나타낼 수 없습니다.

그동안 자연수만 써 오던 원시인들도 이 문제로 고민이 생겼습니다. 자연수 말고 새로운 수 체계가 필요하다는 걸 깨닫게 되었지요. 고민 끝에 드디어 해결책을 찾아냈습니다. 분수를 만들어 쓰기 시작한 것입니다.

인류는 아주 오랜 옛날부터 분수를 만들어 썼습니다. 지금으로부터 약 3천8백여 년 전 고대 이집트에서 분수를 만들어 쓴 기록이 《아메스파피루스》라는 책에 남아 있습니다.

고대 바빌로니아와 중국에서도 분수를 만들어 쓴 기록이 전해집니다. 1보다 작은 수를 표현할 필요가 있었을 테니까요.

② 분수의 크기

수학 3-1 6. 분수와 소수

사과 한 개를 세 명이 나누어 먹으려면 3쪽으로 나누어야 합니다. 이와 같이 물건 1개를 3쪽으로 똑같이 나누었을 때, 1쪽의 크기를 수로 나타내면 $\frac{1}{3}$이 됩니다.

$\frac{1}{3}$은 '3분의 1'이라고 읽습니다.

가로선 아래에 있는 3을 분모, 가로선 위에 있는 1을 분자라고 부릅니다.

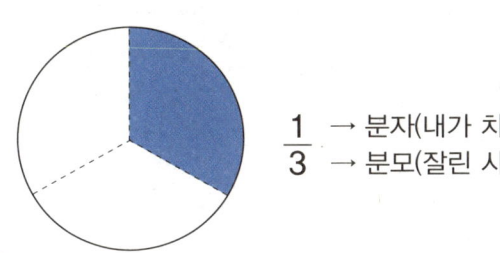

$\frac{1}{3}$ → 분자(내가 차지한 사과 조각 수)
$\frac{1}{3}$ → 분모(잘린 사과 조각 수)

$\frac{2}{8}$의 크기도 알아봅시다.

수현이가 학교에서 돌아오니 어머니께서 간식으로 먹으라면서 피자 한 판을 내오셨습니다.

"동생도 주어야 하니 우선 두 쪽만 먹으렴."

수현이가 먹을 피자의 양은 전체 피자에서 얼마나 될까요? 피자는 정확히 8쪽으로 나뉘어 있습니다. 이 가운데 2쪽을 먹게 되면 그 양은 $\frac{2}{8}$가 됩니다.

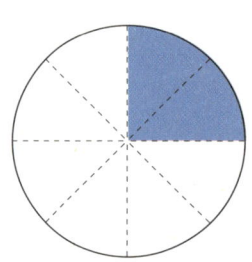

$\frac{2}{8}$ → 분자(내가 차지한 피자 조각 수)
→ 분모(잘린 피자 조각 수)

3 등분할

수학 3-1 6. 분수와 소수

어머니께서 피자 한 판을 사 왔습니다. 주완이는 한 조각을 먼저 큼직하게 잘라 놓은 다음 나머지를 둘로 다시 작게 잘라 놓았어요. 두 동생에게 하나씩 먹자고 하더니 재빨리 가

장 큰 피자 조각을 집어 들었습니다. 주완이가 집어 든 피자는 $\frac{1}{3}$이 맞을까요?

분수가 되려면 나눈 조각의 크기가 같아야 합니다.

이처럼 어떤 물건을 똑같은 크기로 나누는 것을 '등분할'이라고 합니다. 조각이 똑같은 크기로 나누어졌을 때만 분수라고 할 수 있습니다.

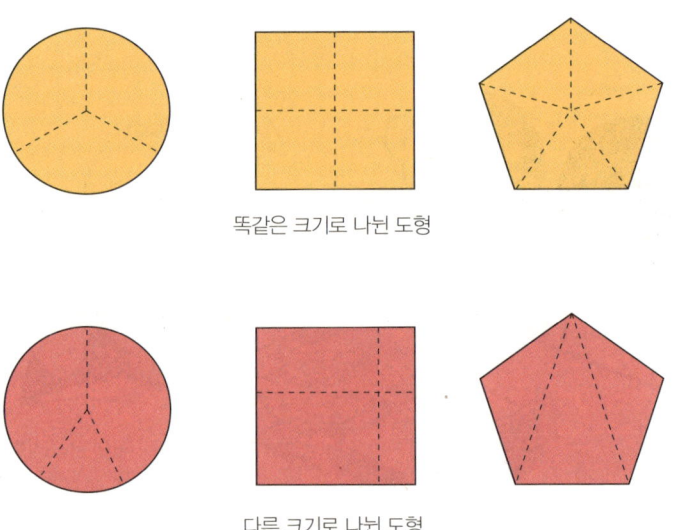

똑같은 크기로 나뉜 도형

다른 크기로 나뉜 도형

④ 단위분수

수학 3-1 6. 분수와 소수

분수에서 가장 중요한 개념은 무엇일까요?

분수에서 가장 중요한 개념은 '단위분수'입니다. 단위분수란 분자가 1인 분수를 말합니다. 단위분수는 그리 어렵지 않습니다.

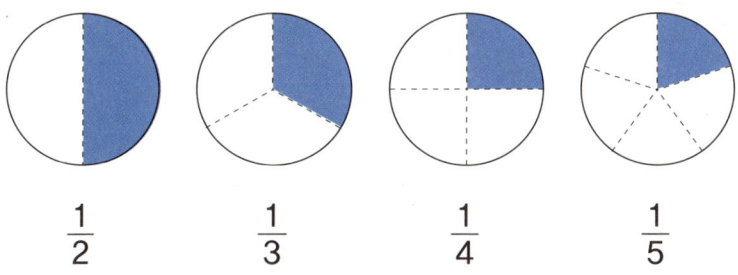

피자를 2쪽으로 자르면 한 쪽은 $\frac{1}{2}$이 되고, 피자를 3쪽으로 자르면 한 쪽은 $\frac{1}{3}$이 됩니다. $\frac{1}{2}$, $\frac{1}{3}$, $\frac{1}{4}$, $\frac{1}{5}$…은 모두 단위분수입니다.

예를 들어 보겠습니다.
$\frac{2}{4}$, $\frac{3}{4}$, $\frac{4}{4}$ 이런 분수들의 단위분수는 $\frac{1}{4}$입니다.

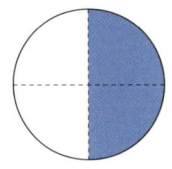 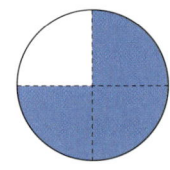 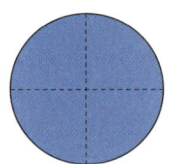

$\frac{2}{5}$, $\frac{3}{5}$, $\frac{4}{5}$, $\frac{5}{5}$ 이런 분수들의 단위분수는 $\frac{1}{5}$입니다.

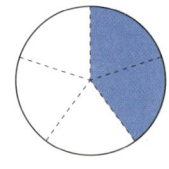 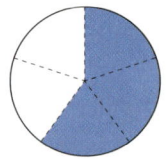 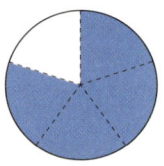 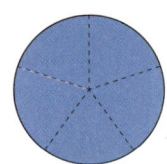

$\frac{2}{6}$, $\frac{3}{6}$, $\frac{4}{6}$, $\frac{5}{6}$, $\frac{6}{6}$ 이런 분수들의 단위분수는 $\frac{1}{6}$입니다.

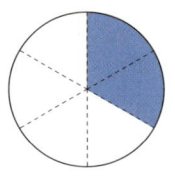 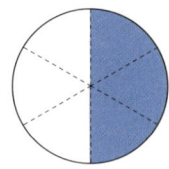 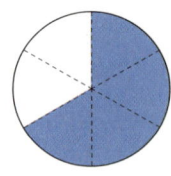 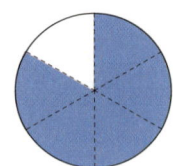

그런데 이렇게 쉬운 단위분수가 분수 공부에서 그렇게 중요하다고요? 분수는 단위분수가 여러 개 모여 이루어지기 때문에 단위분수를 이해해야 분수를 공부할 수 있습니다.

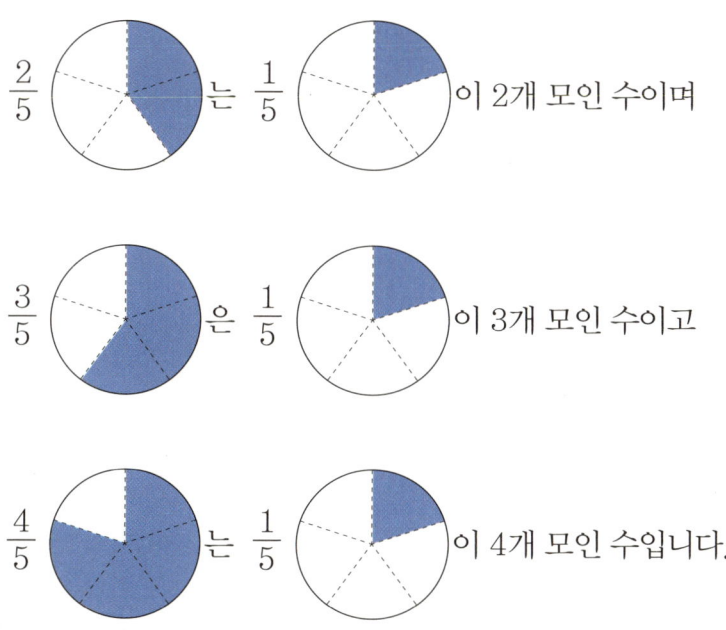

이처럼 모든 분수는 단위분수가 여러 개 모여서 이루어집니다. 그래서 분수의 크기는 단위분수로 잴 수 있습니다. 단위분수는 분수의 크기를 재는 '자' 역할을 하는 것이지요.

뿐만 아니라 분수의 덧셈과 뺄셈도 단위분수를 바탕으로

이루어집니다. 분수의 덧셈과 뺄셈은 단위분수 개수를 더하거나 빼면 간단히 해결됩니다. 분수의 곱셈, 나눗셈도 단위분수로 계산할 수 있습니다.

 이처럼 단위분수는 분수 계산에 꼭 필요합니다. 그러니까 단위분수를 꼭 기억하세요.

5 분수는 조각

수학 3-1 6. 분수와 소수

분수를 공부할 때는 조각 그림을 떠올려야 합니다.

분수를 숫자로만 생각해서 분모, 분자에 집착해 수만 가지고 계산하려 들면, 분수가 어렵기 마련입니다. 분수는 그림입니다.

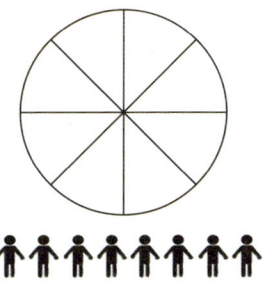

피자 8조각과 사람 8명이 있다.

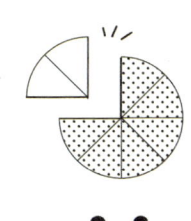

피자 8조각에서 6조각을 떼어 2명에게 나눠 먹게 하면

1명이 몇 조각을 먹게 될까요?

분수는 물건을 나누는 과정에서 생겨난 수이기 때문에 분수를 보고 자연스럽게 조각 그림을 떠올릴 수 있습니다. 조각 그림으로 떠오르면 모든 것이 또렷해집니다.

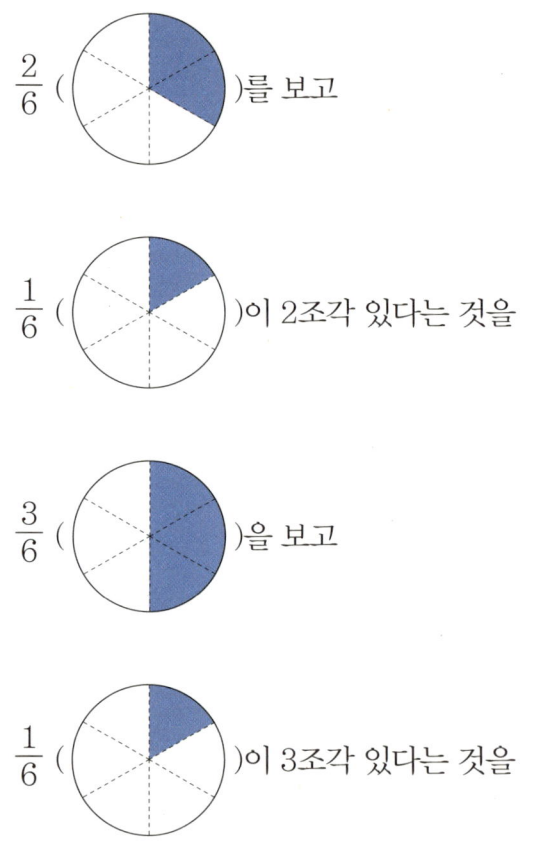

$\frac{2}{6}$ (　　)를 보고

$\frac{1}{6}$ (　　)이 2조각 있다는 것을

$\frac{3}{6}$ (　　)을 보고

$\frac{1}{6}$ (　　)이 3조각 있다는 것을

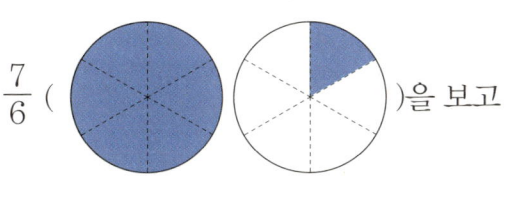을 보고

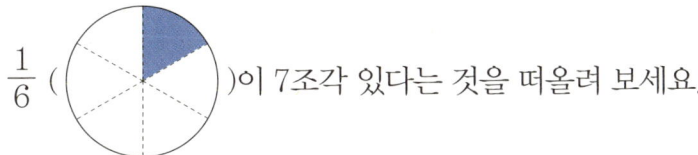이 7조각 있다는 것을 떠올려 보세요.

이렇게 되면

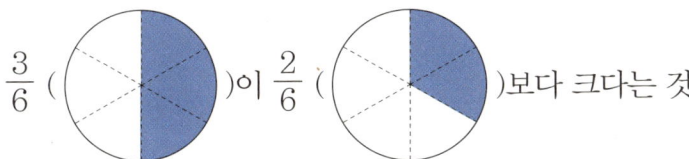보다 크다는 것

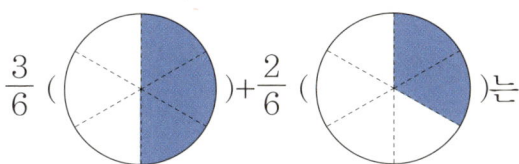는

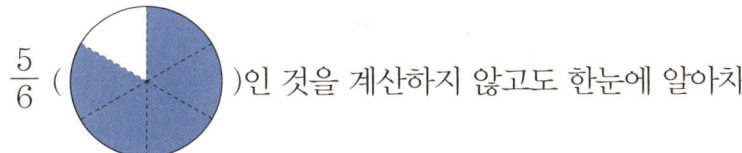인 것을 계산하지 않고도 한눈에 알아차

릴 수 있습니다. 아울러 계산 과정과 결과를 어떻게 숫자로

써야 할지 저절로 알게 됩니다.

($\frac{6}{8} \div \frac{2}{8}$)처럼 어려운 문제도

조각 그림(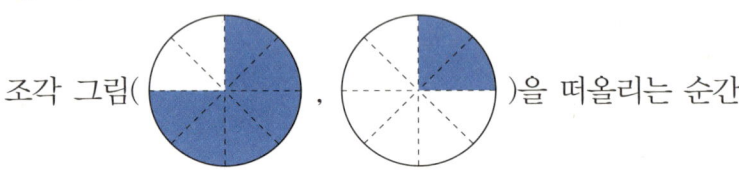)을 떠올리는 순간

금세 풀 수 있습니다.

왜 그래야 되는지 뜻도 모른 채 '분모가 같으면 분자끼리만 나눈다'는 말만 무작정 외울 필요는 없습니다.

앞으로 분수를 공부할 때에는 꼭 조각 그림을 떠올려 보기 바랍니다.

6 여러 가지 분수

수학 3-2 4. 분수

분수에는 진분수, 가분수, 대분수가 있어 더욱 어려워 보입니다. 하지만 알고 보면 그리 어렵지 않습니다. 진분수, 가분수, 대분수는 분수 크기에 따라 이름 붙인 것뿐이니까요. 분수에서 1보다 작은 분수를 진분수라 부르고, 1과 같거나 1보다 큰 분수를 가분수, 또는 대분수라 합니다.

진분수

진분수는 분자의 크기가 분모보다 작습니다. 진분수는 모두 1보다 작은 수이지요.

진분수라는 말은 '진짜 분수'라는 뜻입니다. 분수는 1보다 작은 수를 나타내려고 만든 것이지요? 그러니까 진분수야말로 진짜 분수네요.

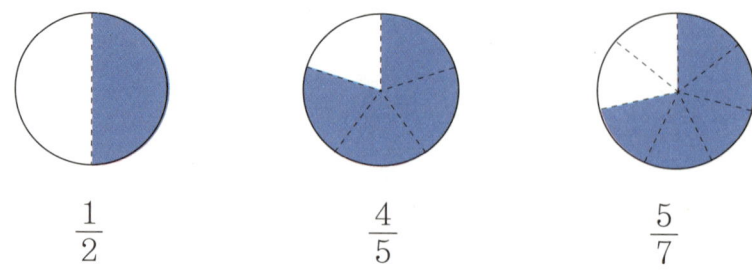

가분수와 대분수

단위분수가 많이 모이거나 진분수가 자연수와 합쳐져 있으면, 1 또는 1보다 큰 분수가 만들어집니다.

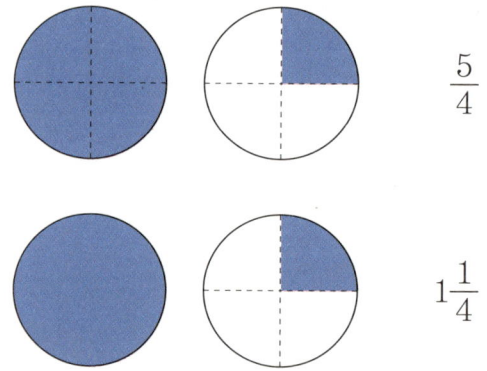

이 그림을 분수로 나타내면, $\frac{5}{4}$ 또는 $1\frac{1}{4}$이 됩니다. $\frac{5}{4}$처럼 분자가 분모보다 큰 분수를 '가분수'라 하고, $1\frac{1}{4}$처럼 자연수와 진분수가 합쳐진 분수를 '대분수'라 합니다.

그림에서 보는 것처럼 $\frac{5}{4}$와 $1\frac{1}{4}$은 본질적으로 크기가 같은 분수입니다. 단지 표현 방법이 다를 뿐이지요.

$$\frac{5}{4} = 1\frac{1}{4}$$

가분수는 '가짜 분수', 대분수는 '허리띠 분수'라는 뜻입니다.

7 대분수를 가분수로

수학 3-2 4. 분수

대분수와 가분수는 결국 같은 분수이므로 대분수를 같은 크기의 가분수로 바꿀 수 있습니다.

$2\frac{1}{4}$을 가분수로 고쳐 볼까요?

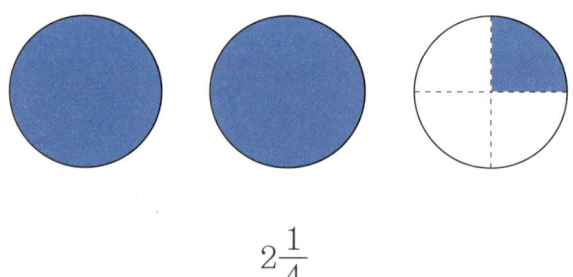

$2\frac{1}{4}$

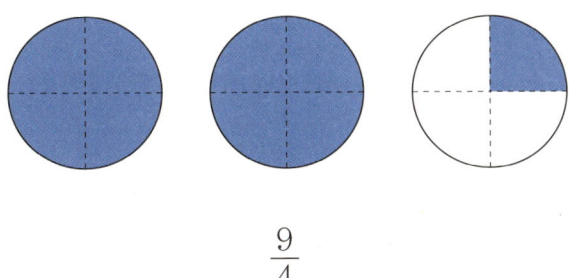

$$\frac{9}{4}$$

$2\frac{1}{4}$은 완전히 동그란 원 2개와 $\frac{1}{4}$이 모인 수입니다.

원 2개에는 $\frac{1}{4}$이 8개 들어 있습니다.

이를 모두 더하면 $\frac{1}{4}$이 9개가 되어서 $\frac{9}{4}$가 됩니다.

$$2\frac{1}{4} = \frac{9}{4}$$

$2\frac{1}{4}$을 가분수로 바꾸려면 다음과 같이 계산해 보세요.

$$2\times 4+1=9 \rightarrow 2\frac{1}{4} = \frac{9}{4}$$

(자연수)×(분모)+분자 → (가분수의 분자)

8 가분수를 대분수로

수학 3-2 4. 분수

가분수를 대분수로 바꿀 수도 있습니다.
$\frac{13}{5}$을 대분수로 고쳐 봅시다.

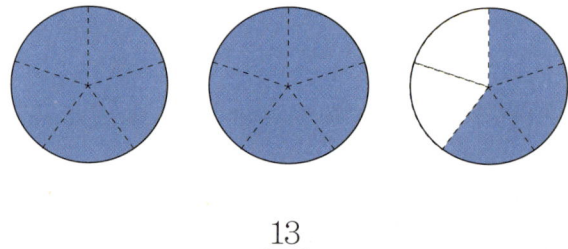

$$\frac{13}{5}$$

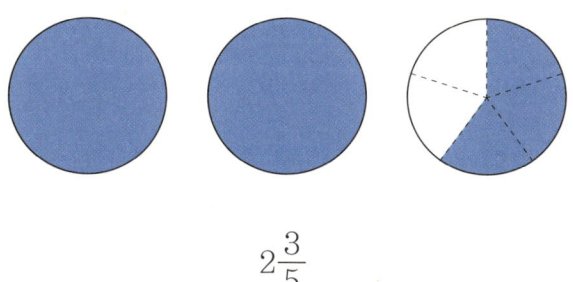

$2\frac{3}{5}$

$\frac{13}{5}$은 $\frac{1}{5}$이 13개가 모인 수입니다.

$\frac{1}{5}$이 10개 모이면 2가 됩니다.

$\frac{13}{5}$은 $\frac{1}{5}$이 10개 모이고도 $\frac{3}{5}$이 남으므로 $2\frac{3}{5}$이 됩니다.

$$\frac{13}{5} = 2\frac{3}{5}$$

$\frac{13}{5}$을 대분수로 바꾸려면 다음과 같이 계산해 보세요.

$$13 \div 5 = 2 \cdots 3 \rightarrow \frac{13}{5} = 2\frac{3}{5}$$

(분자) ÷ **(분모)** = **몫**(자연수 부분) ⋯ **나머지**(분자 부분)

> 더 알아보기

고대 문명 국가와 분수

  수학서인 《아메스파피루스》나 이집트 신전 벽화를 보면 이집트 문명이 초기부터 분수를 만들어 쓴 기록이 나옵니다. 지금부터 약 3천8백여 년 전 일이지요.

  고대 이집트에서는 $\frac{2}{3}$를 빼고는 단위분수만 썼습니다. 단위분수로 나타낼 수 없을 때는 단위분수를 두 개 이상 더해서 나타냈습니다.

$$\frac{1}{2} + \frac{1}{4} =$$

$$\frac{1}{2} + \frac{1}{8} =$$

또 다른 문명 발상지인 메소포타미아 지방에서도 분수를 만들어 쓴 기록이 수많은 점토판에 남아 있습니다. 중국에서는 한나라 때 책으로 추정되는 《구장산술》이라는 책에 분수가 나옵니다. 우리 조상들도 삼국 시대에 분수를 활용한 기록이 남아 있습니다.

인도, 그리스, 로마 같은 대부분 문명 국가에서 분수를 썼습니다. 분수는 문명이 발생하면서 함께 탄생했다고 할 수 있습니다.

6장
분수 크기 비교

분모의 크기가 같으면 크기를 비교하기는 아주 쉽습니다.
하지만 분수에는 분모의 크기가 다른 분수도 있습니다.
분모가 서로 다른 분수의 크기는 어떻게 비교할 수 있을까요?

1 분모가 같은 분수

수학 3-1 6. 분수와 소수

분모의 크기가 같은 분수들은 아주 쉽게 크기를 비교할 수 있습니다. 분모가 같으면 단위분수 크기가 같습니다. 따라서 단위 조각의 개수를 헤아리면 쉽게 풀 수 있습니다.

$\frac{2}{4}$ $\frac{3}{4}$

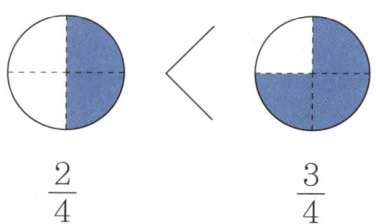

$\frac{2}{4}$는 $\frac{1}{4}$이 2개 모인 수이고

$\frac{3}{4}$은 $\frac{1}{4}$이 3개 모인 수이므로, $\frac{3}{4}$이 $\frac{2}{4}$보다 더 큽니다.

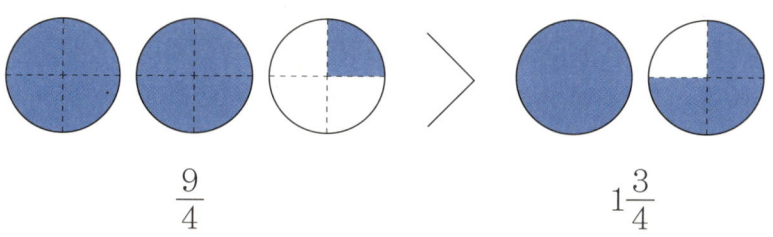

$\frac{9}{4}$는 $\frac{1}{4}$이 9개 모인 수이고

$1\frac{3}{4}$은 $\frac{1}{4}$이 7개 모인 수이므로, $\frac{9}{4}$가 $1\frac{3}{4}$보다 더 큽니다.

이처럼 분모가 같은 분수는 단위분수 개수로 크기를 쉽게 비교할 수 있습니다.

② 분모가 다른 분수

수학 5-1 4. 약분과 통분

서로 같은 크기 피자 두 판을 한 판은 세 조각으로, 한 판은 네 조각으로 잘랐습니다. 준이는 세 조각으로 자른 피자 가운데 두 조각을 먹었고, 윤이는 네 조각으로 자른 피자 가운데 세 조각을 먹었습니다. 누가 피자를 더 많이 먹었을까요? $\frac{2}{3}$와 $\frac{3}{4}$ 가운데 어느 분수가 큰 수일까요?

분모의 크기가 다른 분수들은 크기를 정확하게 비교하기 어렵습니다.

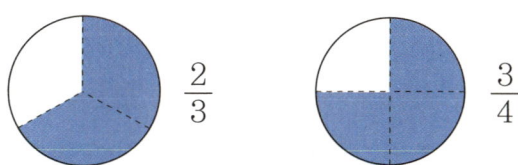

물론 위처럼 그림이 그려져 있으면 눈짐작해서 비교할 수는 있습니다. 하지만 분수를 비교할 때마다 그림을 그려서 눈짐작으로 비교할 수는 없습니다. ($\frac{9}{14}$, $\frac{12}{17}$) 같은 분수는 그림 그리기도 어렵고, 눈짐작하기도 쉽지 않거든요.

비교가 어려운 까닭은 무엇일까요? 두 분수의 단위분수가 다르기 때문입니다. 잘린 단위 조각의 크기가 다르기 때문에 단순히 개수만 비교할 수 없는 것입니다.

이런 경우 두 분수를 정확히 비교하려면, 두 분수에서 단위분수의 크기가 같은 경우를 찾아내면 됩니다. 이 과정을 **통분**이라 합니다. 통분을 하려면 먼저 '동치분수'가 무엇인지 알아야 합니다.

3 동치분수

수학 5-1 4. 약분과 통분

먼저 $\frac{2}{3}$와 크기가 같은 분수를 알아보겠습니다.

$\frac{2}{3}$　　$\frac{4}{6}$　　$\frac{6}{9}$　　$\frac{8}{12}$

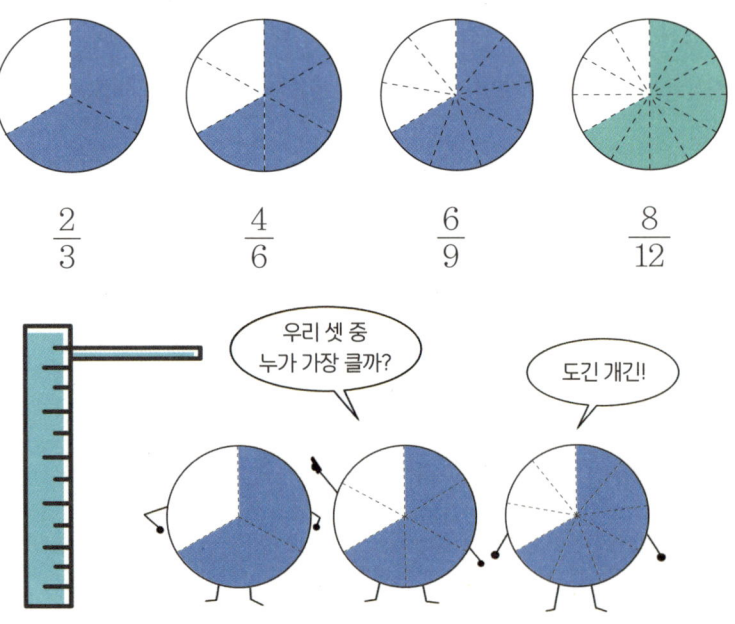

우리 셋 중 누가 가장 클까?

도긴 개긴!

$\frac{2}{3}$, $\frac{4}{6}$, $\frac{6}{9}$, $\frac{8}{12}$은 숫자만 다를 뿐 같은 크기를 나타내는 분수입니다. 이런 분수들을 **동치분수**라고 합니다. 동치분수는 분모와 분자에 0이 아닌 같은 수를 곱해서 만들 수 있습니다.

$$\frac{2}{3} = \frac{4}{6} = \frac{6}{9} = \frac{8}{12} = \cdots\cdots$$

$$\frac{2}{3} = \frac{2\times 2}{3\times 2} = \frac{2\times 3}{3\times 3} = \frac{2\times 4}{3\times 4} = \cdots\cdots$$

$\frac{3}{4}$의 동치분수도 구해 봅시다.

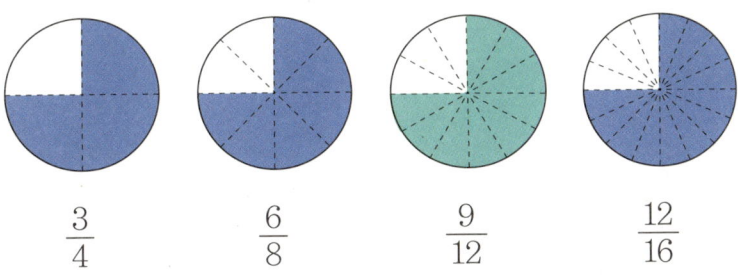

$\frac{3}{4}$ $\frac{6}{8}$ $\frac{9}{12}$ $\frac{12}{16}$

$\frac{6}{8}$, $\frac{9}{12}$, $\frac{12}{16}$, $\frac{15}{20}$ ……는 $\frac{3}{4}$의 동치분수입니다.

$$\frac{3}{4} = \frac{6}{8} = \frac{9}{12} = \frac{12}{16} = \frac{15}{20} = \cdots\cdots$$

$$\frac{3}{4} = \frac{3\times 2}{4\times 2} = \frac{3\times 3}{4\times 3} = \frac{3\times 4}{4\times 4} = \frac{3\times 5}{4\times 5} = \cdots\cdots$$

$\frac{2}{3}$와 $\frac{3}{4}$처럼 분모가 다를 때에는 두 분수의 동치분수 가운데 분모가 같아지는 걸 찾아야 정확하게 크기를 비교할 수 있습니다. $\frac{2}{3}$는 $\frac{8}{12}$, $\frac{3}{4}$은 $\frac{9}{12}$를 찾을 수 있겠네요. 이 과정이 바로 통분입니다.

$$\left(\frac{2}{3}, \frac{3}{4}\right) \rightarrow \left(\frac{8}{12} < \frac{9}{12}\right)$$

4) 최소공배수

수학 5-1 4. 약분과 통분

두 분수를 통분하는 방법은 아주 많습니다. $(\frac{2}{3}, \frac{3}{4})$은 $(\frac{8}{12}, \frac{9}{12})$, $(\frac{16}{24}, \frac{18}{24})$, $(\frac{24}{36}, \frac{27}{36})$ …… 이렇게 통분할 수 있습니다. 그럼 어떻게 통분하면 가장 간단할까요?

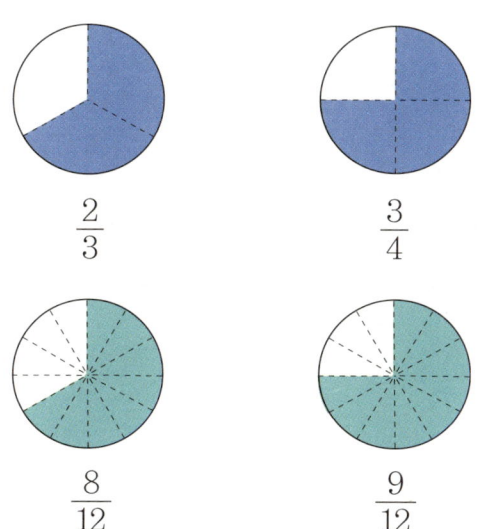

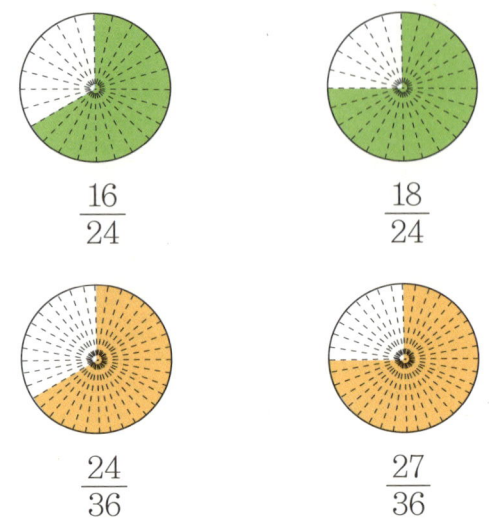

($\frac{2}{3}$, $\frac{3}{4}$)은 ($\frac{8}{12}$, $\frac{9}{12}$)로 통분하는 것이 가장 간단해 보입니다. 어떻게 하면 이렇게 간단한 형태로 통분할 수 있을까요?

통분된 ($\frac{8}{12}$, $\frac{9}{12}$)의 분모인 12는 바로 두 분모 3과 4의 최소공배수입니다.

즉, 통분할 때에는 두 분모의 최소공배수를 공통 분모로 하여 통분하는 것이 가장 간편합니다.

($\frac{2}{3}$, $\frac{3}{4}$)을 통분하는 과정을 정리해 봅시다.

① 두 분모인 3과 4의 최소공배수를 구한다. 3과 4의 최소공배수는 12이다.

② 두 분수를 12를 분모로 하는 동치분수로 바꾼다.

$$\frac{2}{3} = \frac{2 \times 4}{3 \times 4} = \frac{8}{12}$$
$$\frac{3}{4} = \frac{3 \times 3}{4 \times 3} = \frac{9}{12}$$

③ ($\frac{2}{3}$, $\frac{3}{4}$)을 통분하면 ($\frac{8}{12}$, $\frac{9}{12}$)가 되어, 크기를 쉽게 비교할 수 있다.

 약분

수학 5-1 4. 약분과 통분

다음 분수들의 크기를 살펴봅시다.

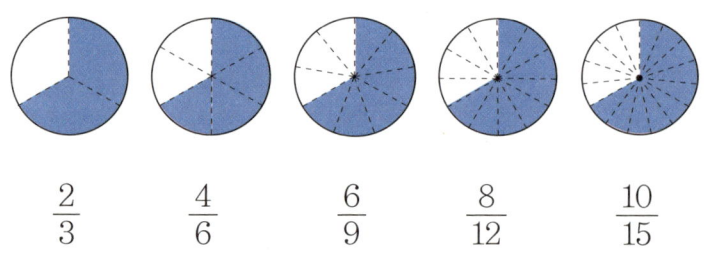

위 분수들은 표현된 숫자는 다르지만 모두 크기가 같은 분수(동치분수)입니다. 그래서 서로 바꾸어 쓸 수 있습니다. 그런데 $\frac{10}{15}$이라고 하는 것보다는 $\frac{2}{3}$라고 하는 것이 훨씬 간단하겠지요?

이처럼 큰 수로 쓰인 분수를 같은 값을 갖는 간단한 분수로 바꾸는 것을 약분이라고 합니다.

　어떤 분수를 약분하려면, 약분하려는 분수의 분모와 분자를 0이 아닌 같은 수로 나누어 주면 됩니다.

$$\frac{20}{30} = \frac{20 \div 2}{30 \div 2} = \frac{10}{15}$$

$$\frac{20}{30} = \frac{20 \div 5}{30 \div 5} = \frac{4}{6}$$

$$\frac{20}{30} = \frac{20 \div 10}{30 \div 10} = \frac{2}{3}$$

$\frac{20}{30}$을 약분하면 $\frac{10}{15}$, $\frac{4}{6}$, $\frac{2}{3}$가 됩니다.

이 가운데 가장 간단한 분수인 $\frac{2}{3}$를 기약분수라고 합니다.

> 더 알아보기

최소공배수 구하는 법

　최소공배수는 '두 수에 공통으로 있는 배수 가운데 가장 작은 수'를 말합니다. 최소공배수는 어떻게 쉽게 구할 수 있을까요? (6, 8)의 최소공배수를 여러 가지 방법으로 구해 봅시다.

배수를 구해 최소공배수 찾는 방법

6의 배수 : 6, 12, 18, ㉔, 30, 36, 42, ㊽, 54······
8의 배수 : 8, 16, ㉔, 32, 40, ㊽, 56······
6과 8의 공배수 : 24, 48······
6과 8의 최소공배수 : 24

두 수를 분해하는 방법

6=2×3　　　　8=2×2×2

　(6, 8)을 곱셈으로 분해하면 위와 같습니다. 분해한 수들 가운데 공통으로 있는 '2'는 한 차례만 곱하고, 나머지 다른 수들을 모두 곱하면 최소공배수가 됩니다.

2×3×2×2=24

최소공배수 : 24

동시 나눗셈

2) 6　8
　　 3　4

(6, 8)을 2로 동시에 나누면 2가 공통으로 있는 것을 알 수 있습니다. 따라서 공통으로 있는 2는 한 번만 곱하고, 나머지 수들을 모두 곱하면 최소공배수가 됩니다.

2×3×4=24

최소공배수 : 24

이 세 가지 방법 가운데 하나를 골라 쓰면 됩니다. 보통은 동시 나눗셈 방법을 많이 씁니다.

7장
소수

소수는 작은 수라는 뜻입니다. 1보다 작은 수를 말하지요.
수학에서는 수 크기를 아는 것이 중요합니다.
소수점 한두 개는 수학에서 아주 큰 차이입니다.

① 소수의 탄생

수학 3-1 6. 분수와 소수

분수가 지금으로부터 4천여 년 전에 만들어진 것에 견주어 소수는 최근에 만들어졌습니다. 소수는 왜 만들어졌을까요? 소수를 쓰면 어떤 점이 좋을까요? 소수의 역사를 잠깐 살펴 봅시다.

소수는 네덜란드 수학자 스테빈이 16세기 후반에 처음 만들어 썼습니다. 네덜란드가 스페인으로부터 독립하기 위한 전쟁을 치를 당시, 군자금을 관리하던 경리장교였던 스테빈은 군자금 이자 계산에 골머리를 앓고 있었습니다.

단위분수의 사용

그때는 이자를 계산하는 데 주로 단위분수를 썼습니다. $\frac{1}{10}$, $\frac{1}{100}$ 같은 이자율은 간단해서 쉽게 이자를 계산할 수

있었지만, $\frac{1}{11}$, $\frac{1}{12}$ 같은 이자율은 계산이 복잡했습니다. 그래서 $\frac{1}{11}$은 크기가 비슷한 $\frac{9}{100}$와 바꿔 쓰고, $\frac{1}{12}$은 크기가 비슷한 $\frac{8}{100}$과 바꿔 썼습니다. 분모가 10, 100, 1000인 분수들이 이자 계산에 편리했기 때문이지요.

분모의 생략

그 뒤로는 이자 계산에 분모가 10, 100, 1000인 분수들을 주로 썼습니다. 분모가 10, 100, 1000인 분수만을 계속 쓰다 보니 이미 알고 있는 분모를 따로 쓸 필요가 없어서 자주 생략했습니다.

최초의 소수

분모 쓰는 것을 생략하니 $\frac{7}{10}$도 7, $\frac{7}{100}$도 7이 되어 분수마다 구별이 잘 안 되는 데다가 분수와 자연수를 구별하기도 어려웠습니다. 그리하여 다음과 같은 새로운 표기법을 생각해 냈습니다.

$\frac{7}{10}$ → $\dot{7}$ 혹은 7①

$3\frac{8}{10}$ → $3\dot{8}$ 혹은 3⓪8①

$\frac{27}{100}$ → $2\ddot{7}$ 혹은 2①7②

$5\frac{912}{1000}$ → $5\dddot{912}$ 혹은 5⓪9①1②2③

⓪,①,②,③은 소수점을 ⓪으로 표현하고, 그 아래 분모에 0이 몇 개인지, 몇 번째 자리인지를 나타내는 기호라는 것을 알 수 있어요. 모양은 오늘날과 많이 다르지만, 이것이 인류 역사에서 처음으로 소수를 쓴 방법입니다.

이러한 표기법을 만든 수학자 스테빈은 이자 계산표를 책으로 만들어 사람들이 쉽고 편리하게 쓸 수 있게 했습니다.

소수 표기 방법

처음에는 소수점 대신 (◎ | , .) 따위 기호를 섞어 썼습니다.

4◎3①9②

4|39

4,39

4 · 39

4.39

이런 방법이 발전되어 오늘날 같은 소수의 표기법이 완성되었습니다.

그럼 왜 분모가 10, 100, 1000 등인 분수만 자주 쓰고, 그것이 그대로 소수로 발전했을까요? 분모가 10, 100, 1000인 분수는 십진법 수 체계와 정확하게 맞아떨어져 편리했기 때문입니다. 1보다 작은 수가 드디어 십진법 수 체계로 들어온 것이지요.

② 소수의 중요성

수학 3-1 6. 분수와 소수

1보다 작은 수를 분수로만 나타내다 소수로 나타낼 수 있게 되면서 어떤 점들이 좋아졌을까요?

첫째, 1보다 작은 수가 10진법 체계 속으로 들어오면서 수

표현이 한결 간결해졌습니다. 많은 분수는 10진법 체계와 직접 관련이 없기 때문에 자연수와 함께 쓰기 불편합니다. 하지만 소수는 10진법 체계와 정확히 맞아떨어져서 자연수와 함께 쓰기가 매우 편리합니다.

둘째, 소수는 자연수에 단지 소수점이 붙은 모습입니다. 그래서 분수에 견주어, 보기가 한결 간결합니다. 그리고 1보다 작은 부분의 크기를 가늠하기가 매우 편리합니다.

- $6\frac{2}{5} + 2\frac{3}{10} = \frac{32}{5} + \frac{23}{10} = \frac{64}{10} + \frac{23}{10}$
  $= \frac{64+23}{10} = \frac{87}{10} = 8\frac{7}{10}$

- $6\frac{2}{5} - 2\frac{3}{10} = \frac{32}{5} - \frac{23}{10} = \frac{64}{10} - \frac{23}{10}$
  $= \frac{64-23}{10} = \frac{41}{10} = 4\frac{1}{10}$

- $6\frac{2}{5} \times 2\frac{3}{10} = \frac{32}{5} \times \frac{23}{10} = \frac{32 \times 23}{5 \times 10} = \frac{736}{50}$
  $= 14\frac{36}{50} = 14\frac{18}{25}$

- $6\frac{2}{5} \div 2\frac{3}{10} = \frac{32}{5} \div \frac{23}{10} = \frac{64}{10} \div \frac{23}{10}$
  $= 64 \div 23 = \frac{64}{23} = 2\frac{18}{23}$

셋째, 수 계산이 매우 간편해졌습니다.

분수만 있을 때는 위 네 가지 계산을 하려면 매우 복잡한 과정을 거쳐야 했습니다. 하지만 아래처럼 소수가 생기고 나서부터는 계산이 한결 간편해졌습니다.

$$6.4+2.3=8.7$$
$$6.4-2.3=4.1$$
$$6.4\times2.3=14.72$$
$$6.4\div2.3\fallingdotseq2.78$$

넷째, 소수가 만들어지면서 숫자를 표현하는 새로운 장이 열렸습니다. 이제는 눈으로 보기 힘든 만큼 작은 수도 쉽게

생각할 수 있게 되었고, 아무리 작은 크기라도 얼마든지 쉽고 정확하게 표현할 수 있게 된 것입니다.

  머리카락의 굵기부터 종이 두께, 세포 크기, 세균이나 바이러스의 크기, 분자나 원자까지 작은 숫자를 써서 나타내야 할 분야는 수없이 많습니다. 그리고 현대는 우주여행 시대입니다. 안전하고 정확한 우주여행을 할 수 있으려면 아주 작은 수까지 정밀하게 계산해야 합니다.

  이처럼 소수의 발명은 현대 과학이 발전하는 데 큰 밑거름이 되었습니다.

③ 소수의 크기

수학 4-2 3. 소수의 덧셈과 뺄셈

 수학에서 수의 크기를 가늠하는 것은 중요합니다. 소수는 소수점 자리만 보면 큰 차이가 느껴지지 않을 수도 있습니다. 그림을 보며 실제 소수의 크기를 가늠해 봅시다.

 소수는 아래 자리로 내려가면서 계속 10등분 하면 만들 수 있습니다. 1을 10등분 하면 0.1, 0.1을 10등분 하면 0.01, 0.01을 10등분 하면 0.001이 됩니다. 아래 자리로 내려갈수록 수의 크기는 $\frac{1}{10}$씩 작아집니다.

 아래 정사각형을 1이라고 생각하고 소수의 크기를 비교해 봅시다.

1

0.1

0.1은 1을 10등분 한 하나입니다.

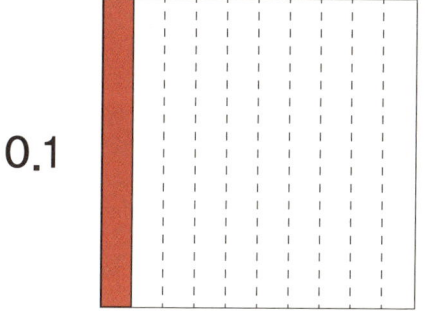

0.1

0.01

0.01은 0.1을 10등분 한 하나입니다.

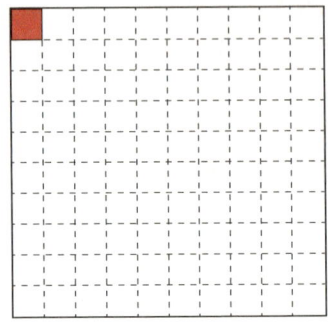

0.001

0.001은 0.01을 10등분 한 하나입니다.

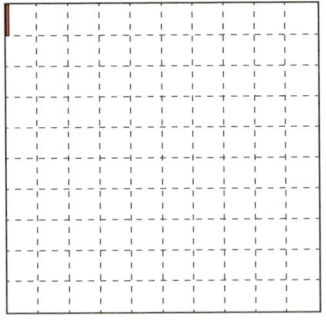

④ 그림으로 보는 소수 크기

수학 4-2 3. 소수의 덧셈과 뺄셈

그림으로 2.375의 크기를 느껴 봅시다.

2.375는 2, 0.3, 0.07, 0.005 이 네 수를 모두 더한 수입니다.

0.3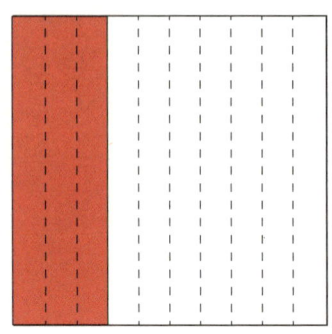

0.07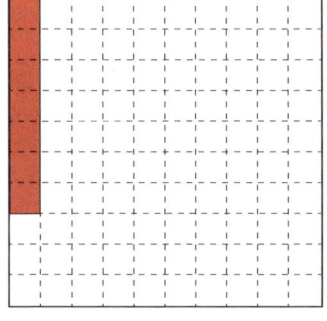

0.005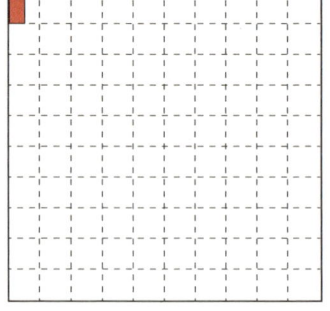

이 네 개가 모두 모인 수가 2.375입니다.

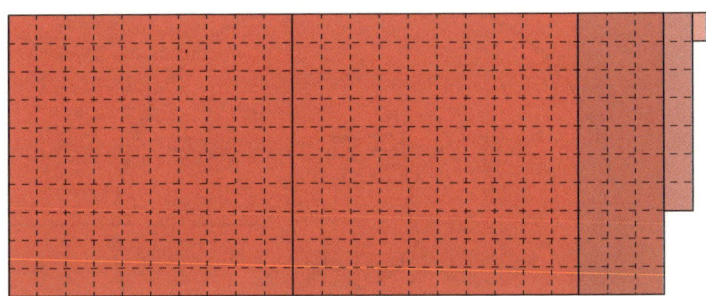

2.375=2+0.3+0.07+0.005

5 소수와 분수

수학 3-1 6. 분수와 소수

수학의 역사에서 소수는 분수를 통해 나왔습니다. 분모가 10, 100, 1000인 분수들이 분모를 생략한 채 그대로 소수로 변신했지요. 따라서 분수와 소수는 얼마든지 서로 바꾸어 쓸 수 있습니다.

분수를 소수로 바꾸기

여러 종류 분수를 소수로 바꾸어 봅시다.

분모가 10, 100, 1000인 분수

분모가 10, 100, 1000인 분수들이 분모가 생략된 채 그대로 소수로 변신했지요. 여러분도 그대로 바꾸면 됩니다.

$$\frac{7}{10} = 0.7$$

$$\frac{73}{100} = 0.73$$

$$\frac{738}{1000} = 0.738$$

일반 분수

일반 분수는 분모가 10, 100, 1000인 분수로 바꾸면 바로 소수로 바꿀 수 있습니다.

$$\frac{3}{4} = \frac{3 \times 25}{4 \times 25} = \frac{75}{100} = 0.75$$

일반 분수는 분자를 분모로 나누어 바꿀 수도 있습니다.

원래 분수는 물건 개수(분자)를 사람들(분모)이 공평하게 나누어 갖는 문제에서 출발했습니다. 따라서 분수를 소수로 고칠 때는 분자를 분모로 나누면 됩니다.

$$\frac{3}{4} = 3 \div 4 = 0.75$$

소수를 분수로 바꾸기

거꾸로 소수를 분수로 바꿀 때는, 소수점 아래 자릿수만큼 분모를 정해 분모가 10, 100, 1000인 분수로 바로 바꿀 수 있습니다.

$$0.7 = \frac{7}{10}$$
$$0.73 = \frac{73}{100}$$
$$0.738 = \frac{738}{1000}$$

더 알아보기

모든 분수를 소수로 바꿀 수 있을까?

소수와 분수는 서로 바꿀 수 있습니다. 그렇다면 모든 분수를 소수로 바꿀 수 있을까요? 거꾸로 모든 소수를 분수로 바꿀 수 있을까요? 앞 쪽에서 배운 내용을 참고하여 직접 탐구해 봅시다.

다음 소수를 분수로 바꿔 봅시다.

(1) $0.3 =$

(2) $0.49 =$

(3) $0.273 =$

(4) $0.805 =$

다음 분수를 소수로 바꿔 봅시다.

(1) $\frac{7}{10} =$

(2) $\frac{23}{100} =$

(3) $\frac{2}{5} =$

(4) $\frac{1}{3} =$

세상의 모든 학교 2

초등수학, 개념을 그리자 1

2023년 5월 1일 1판 1쇄 펴냄

글 신동영 | **그림** 김한조

편집 김로미, 박세미, 박은아, 이경희, 임헌 | **교정** 김성재

디자인 김은미 | **조판** 이정화 | **제작** 심준엽

영업 나길훈, 안명선, 양병희, 조진향 | **독자 사업(잡지)** 김빛나래, 정영지

새사업팀 조서연 | **경영 지원** 신종호, 임혜정, 한선희

인쇄와 제본 (주)천일문화사

펴낸이 유문숙 | **펴낸 곳** (주)도서출판 보리 | **출판 등록** 1991년 8월 6일 제 9-279호

주소 (10881) 경기도 파주시 직지길 492 | **전화** 031-955-3535 | **전송** 031-950-9501

누리집 www.boribook.com | **전자우편** bori@boribook.com

ⓒ 신동영, 김한조, 2023

이 책의 내용을 쓰고자 할 때는 저작권자와 출판사의 허락을 받아야 합니다.
잘못된 책은 바꾸어 드립니다.

값 17,000원

보리는 나무 한 그루를 베어 낼 가치가 있는지 생각하며 책을 만듭니다.

ISBN 979-11-6314-288-1   74410
ISBN 979-11-6314-287-4 (세트)

제품명 : 도서   제조자명 : (주) 도서출판 보리   주소 : (10881) 경기도 파주시 직지길 492   전화번호 : (031) 955-3535
제조년월 : 2023년 5월   제조국 : 대한민국   사용연령 : 8세 이상   주의사항 : 책의 모서리가 날카로우니 다치지 않게 주의하세요.
KC 마크는 이 제품이 공통안전기준에 적합하였음을 의미합니다.